Thomas Klein

Glücksorte in Luxemburg

Fahr hin & werd glücklich

Dieses

Glücksbuch

ist für

Liebe Glücksuchende,

es gibt nicht nur den *einen* Grund, um nach Luxemburg zu reisen – obwohl Grund ein malerischer Stadtteil von Luxemburg ist. Hier gibt es alle guten Gründe, komprimiert in einem verblüffenden Mikrokosmos. Hier ist die Vielfalt beeindruckend. Hier staunt man immer wieder aufs Neue, wie scheinbare Gegensätze zu einem faszinierenden Gesamtkunstwerk werden. So nutzt eine Kellerei aus dem lieblich-sanften Moseltal für ihren Crémant einfach einen Bergwerksstollen aus der verblichenen Schwerindustriezeit Luxemburgs als Weinkeller. Und der gläserne Panorama-Aufzug entführt in 30 Sekunden aus Luxemburgs belebter Oberstadt in die beschauliche Ruhe einer fast dörflichen Flusslandschaft. Ums Eck beeindrucken spektakuläre Kunstobjekte vor den hypermodernen Glaspalästen der Finanzkonzerne. Oder man bestaunt die schroff-romantischen Landschaften im Müllerthal, wo man an jeder Ecke Elben und Hobbits erwartet, und lässt sich von Burgen und Schlössern verzaubern, die stimmungsvolle Kulisse für viele Filme waren. Tipp: Einfach hinfahren und im Zwergstaat genießen, worauf man gerade Lust hat.

Thomas Klein

GLÜCK

Deine Glücksorte ...

... noch mehr Glück für dich

1000 Jahre im Spaziergang

1 Auf dem Wenzel-Rundweg durch die Zeit

Er ist ein Weg durch Zeit und Raum. 1000 Jahre in rund 5 Kilometern Spaziergang, so lautet ein Zahlenspiel des Wenzel-Rundgangs in der Stadt. Der ausgeschilderte Rundweg ist eine ideale „Inhaltsangabe" für das erste Kennenlernen. Denn obwohl Luxemburg räumlich eher klein ist, so machen die im Laufe der tausendjährigen Geschichte entstandenen Verwinkelungen und Verschachtelungen diesen Ort alles andere als übersichtlich. Da helfen die Infotafeln an den markanten Stellen des Wenzel-Weges („Wenzel Itinéraire"), die den jeweiligen Blick erläutern und Hintergründe liefern. So käme man als Besucher kaum auf die Idee, zwei eigentlich fast belanglos an der Alzette stehende Mauern als Waffe gegen Angreifer zu verstehen. Was sie aber waren, denn sie stauten das Wasser des Flüsschens, um es dann mit Wucht durchs enge Tal auf die Angreifer „loszulassen". Unterwegs zu den Stationen, die sich von der Luxemburger „Keimzelle" auf dem Bockfelsen bis hinüber aufs Rham- und dann zum Heiliggeist-Plateau ziehen, ist oft der Weg das Ziel. Denn es geht über enge Gassen, schmale Brückenstiege und Wehrgräben – und das heißt in Luxemburg-Stadt wirklich eng. Und immer wieder eröffnen sich nach der nächsten Kehre neue malerische Perspektiven: ob vom Bockfelsen durch Schießscharten hinab aufs Tal der Alzette oder von der „Stierchen" genannten romantischen Mauerquerung der Alzette im Grund die schroffen Festungsmauern hinauf. Vom Rhamplateau blickt man auf die fast dörflich-beschaulichen Teile der Unterstadt, früher so etwas wie der wirtschaftliche Maschinenraum für die Herren der Festung. Gäbe es die Piktogramme nicht, an manchen Stellen wäre der nach Herzog Wenzel II. von Luxemburg (1383–1419) benannte Pfad ein Irrgarten. Schließlich addierte sich Wenzels Befestigungswerk damals schon als dritte Ringmauer zur Festung. Und es gab danach noch unzählige Herrscher mit neuen Schutzbedürfnissen, die sich alle über die 1000 Jahre aufs Spannendste in diesem Zeitraffer-Rundgang zusammenfügen.

TIPP

Die Terrasse des „de Gudde Wëllen", 17, Rue du St Esprit, ist ein guter Zwischenhalt mit toller Aussicht.

● Wegweiser bei Luxemburg City Tourist Office, 30, Place Guillaume II, 1648 Luxemburg, www.luxembourg-city.com/de/ansicht/tour/wenzel-rundweg

Adlerhorst und Räuberhöhle

2

Berdorf-Weg als spektakuläre „Wandervorspeise"

Erlebnis mit Abenteuergarantie – so steht es im offiziellen Wanderführer. Und auch wenn der Weg im Müllerthal nach nur knapp über 4 Kilometern wieder zum Ausgangspunkt zurückführt, er ist in jeder Hinsicht abenteuerlich. Der Rundwanderweg Berdorf 2 (in Luxemburg heißen sie Auto Pedestre oder AP und sind mit speziellen Schildern gekennzeichnet) ist so etwas wie eine gemischte Vorspeisenplatte für das Wandern im Müllerthal. Fast hinter jeder Kurve warten neue Eindrücke: weiche Waldwege, kleine Bachläufe, schroffe Felsen und enge Schluchten. Die Magie der kraftvollen Natur zieht Wanderer schnell in ihren Bann. Mal geht es über Waldwege, dann über Felstreppen, Holzstege oder kleine Brücken. Man muss kein Trekkingprofi für diesen Einstiegskurs sein, er gilt als familientauglich. Aber festes und rutschsicheres Schuhwerk ist wichtig, dann steht dem Genuss nichts mehr im Weg. Die Kulisse ist märchenhaft. Man staunt darüber, wie sich die Hintergrundgeräusche verändern, vom gedämpften Waldweg bis zur Ruhe in der Schlucht des Ruetsbech. Man staunt über bizarre Felsformationen, wie viele Nuancen von Grün und Braun es gibt oder wie sich Wanderwege durch die Natur schlängeln können. Wer es etwas abenteuerlicher mag, kann unterwegs auch die düstere Raiberhiel (Räuberhöhle) erkunden. Eine Kletterpartie mit Glücksgarantie ist ums Eck: über eine Eisenleiter am Felsrand zum Adlerhorst hinauf und von dort eine atemberaubende Aussicht genießen. Der AP führt zum faszinierenden Steinlabyrinth des Siewenschlüff, zu einem alten Römerweg am Wegesrand und zu immer wieder verblüffenden Felsformen und Formationen. Wie viele Worte für bewunderndes Staunen kennen Sie? Sie werden sie alle brauchen.

TIPP

Das Tourismusbüro des Müllerthals bietet schön aufbereitete Tourpläne und Infos zum Download an.

● Start und Ziel von Berdorf 2: Freizeitzentrum Maartbesch, 3, Beim Maartbesch, 6552 Berdorf, www.mullerthal.lu
● ÖPNV: Bus 502 ab Ettelbrück

Europas schönster Balkon

3

Die Corniche an der Festungsmauer

Manchen Titel wird man einfach nicht mehr los. „Europas schönster Balkon“ – diese Victor Hugo zugeschriebene Bewertung wird alljährlich von Zigtausenden Touristen überprüft. Und die Corniche macht ihrem Titel immer wieder alle Ehre. Denn der Spaziergang auf den alten Wallmauern am Rand des Felsens bietet den Besuchern beeindruckende Ausblicke in Hülle und Fülle. Man sieht fast alles, was Luxemburg ausmacht: das wuchtige Rhamplateau gegenüber, die modernen Glasfassaden auf dem Kirchberg in der Ferne. Davor, tief unten im Tal der sanft dahinziehenden Alzette, die Abtei Neumünster, umringt von traditionellen Handwerkerhäusern, Kleingärten, Fußwegen am Flussrand mit kleinen Steinbrücken. Beschaulichkeit pur. Und auch der Blick auf Bockfelsen, Festungsanlagen und Kasematten ist beeindruckend. Kein Wunder, dass ein Besuch des Balkons schlicht ein Muss ist, auch für Staatsgäste Luxemburgs. Die zum UNESCO-Weltkulturerbe ernannten Altstadtteile und die Festung werden durch die Corniche wirklich einzigartig inszeniert. Möglich wurden diese Aussichten, weil die alte Mauer auf dem Wall im 18. Jahrhundert den Festungsumbauten zum Opfer fiel und der Blick befreit wurde. Sehr zur Freude der Anwohner, die aus den oberen Etagen nunmehr ein spektakuläres Panorama genießen. Thema Anwohner: Es lohnt sich, auch die Häuser und Gassen auf der „Innenseite“ des Balkons zu beachten, denn hier gibt es einige architektonische Kleinode zu entdecken. Idealerweise beginnt man den Balkonbummel am Bockfelsen. Rund eine Dreiviertelstunde sollte man für eine Tour über die Corniche einrechnen, so sagen Kenner. Mindestens, denn man bleibt immer wieder hängen, um zu staunen. Man sollte wirklich sehr viel freien Speicherplatz mitbringen – im Kopf und in der Kamera.

● Chemin de la Corniche, zwischen Rue Sigefroi und Plateau de St. Esprit, 2536 Luxemburg
● ÖPNV: Bus 9, 14, 15, 93, Haltestelle Um Bock

Puppenhaus der Schokolade

4

Chocolate House gegenüber dem Palast

Süß – dies ist wohl das Wort, das hier am häufigsten zu hören ist. Und es trifft auf das Chocolate House in jeglicher Bedeutung zu. Direkt gegenüber des Großherzoglichen Palasts befindet sich in einem der ältesten Häuser der Stadt ein fast wie eine Puppenstube dekorierter kleiner Verkaufsraum, jede freie Fläche voll mit vielfältigstem Naschwerk. Ort, Stil und Inhalt passen perfekt, das Haus der Nathalie Bonn ist „süß". Luxemburgs Schokoladen-„Großherzogin" ist eine Institution. Ihre Ideen, was man so alles mit Schokolade machen kann, sind in aller Munde. Natürlich auch ganz offiziell gegenüber im Palast bei Staatsgästen. Den und seine wunderschöne Fassade mit Renaissance-Elementen kann man übrigens am besten von der kleinen Terrasse des Chocolate House betrachten. Man sitzt dann so dicht dran, dass man bei den schnellen Drehungen der paradierenden Wachsoldaten noch den Luftzug zu spüren glaubt. Bei weniger gutem Wetter kann man auch in der ersten Etage die Köstlichkeiten probieren. Ein Muss: der Schokoladenlöffel. Man rührt ihn in heißer Milch und bereitet sich dadurch eine heiße Schokolade der ganz besonderen Art. Tipp: Den Löffel mit der angeschmolzenen Schokolade zwischendurch etwas ablecken, der Geschmack wird noch intensiver – köstlich. Welcher Geschmack indes, das ist schon eine Herausforderung. Über 50 verschiedene Geschmacksrichtungen des „Spoon" stehen zur Auswahl. Thema Auswahl: Frau Bonn und ihre Mitarbeiter stecken voller Ideen – und ihr Laden daher auch. Allein bei den Löffeln reicht die Bandbreite von Wasabi bis Winterapfel, von Vanille bis Tequila. Dazu kommen noch eindrucksvolle Torten, verlockende Kuchen, fast 20 pfiffig-elegante Brotaufstriche, Fonduevariationen – und natürlich kunstvolle Pralinen. Ist das Chocolate House durch diese Vielfalt und Fülle in den kleinen Räumen eines Hauses aus dem 15. Jahrhundert überladen? Offensichtlich nicht, denn was war noch mal das meistgenutzte Wort zur Puppenstube der Schokolade: süß.

● Chocolate House of Luxembourg by Nathalie Bonn,
20, Rue du Marché-aux-Herbes, 1728 Luxemburg, www.chocolate-house-bonn.lu
● ÖPNV: Bus 19, 31, Haltestelle Centre, Gruef

CHOCOLATE HOUSE
Chocolate

Meisterhaft verschmolzen

5 Mudam: Moderne Kunst vor alter Kulisse

Seine Glasfassaden gehören zu den meist fotografierten Motiven der Stadt, und doch muss sich das Mudam die Bilder teilen. Denn zu faszinierend ist der Kontrast, wenn die Modernität des Museums mit den militärischen Mauern der Festung Dräi Eechelen scheinbar verschmilzt. Doch dies soll so sein. Als Verbindung zwischen der Vergangenheit der Festung sowie der Gegenwart und der Zukunft, symbolisiert durch die Architektur auf dem Kirchberg – so will sich das Mudam (Abkürzung für Musée d'Art Moderne Grand-Duc Jean) positionieren. Stararchitekt Leoh Ming Pei, der auch die Pyramide am Pariser Louvre entwarf, erhielt den Auftrag, neben dem alten Fort ein architektonisch herausragendes Museumsgebäude für zeitgenössische Kunst zu schaffen. Und seit der Eröffnung 2006 belegt der Anblick von der Corniche oder der Roten Brücke tagtäglich, dass dem gebürtigen Chinesen ein großer Wurf gelungen ist – gerade auch mit dem Blick aufs Ganze. Doch nicht nur von außen setzt das Mudam Akzente. Lichtdurchflutete Räume schaffen ein ideales Ambiente, um Zeichnungen, Fotos, Skulpturen, Mode oder Multimedia wirken zu lassen. Manche der über 230 Werke in der Dauerausstellung sind Auftragsarbeiten, die gezielt die Ausstrahlung und Ästhetik der Räume unterstreichen. Ein ganz besonderes Ambiente erzeugt in den rund 4000 Quadratmetern Ausstellungsfläche auch der von Pei verwendete Magny Doré, ein honigfarbener Kalkstein, der das Licht zu jeder Tages- und Jahreszeit in subtilen Nuancen wiedergibt. Diese Qualität der Räume nutzen zahlreiche aktuelle Ausstellungen von nationalen und internationalen Künstlern. Ein Highlight des Mudam ist zudem das Museumscafé. Hier wurde ebenfalls mit Licht und Material gespielt. An großen Holztischen sitzen die Gäste in einem kleinen Garten unter einem Glasdach, können regionale Küche genießen oder sich einfach bei einem kühlen Wein erfrischen und das Gesamtkunstwerk Mudam in Ruhe sacken lassen.

- Mudam, 3, Parc Dräi Eechelen, 1499 Luxemburg, www.mudam.com
- ÖPNV: Tram T1, Haltestelle Mudam, Bus 6, 12, 16, 18, Haltestelle Rout Bréck

Das gleitende Glashaus

6

Mit dem Panoramalift auf Aussichtstour

Wer hat als Kind nicht eine Extrarunde in einem Aufzug gedreht? Beim Panoramalift ist das für Besucher jeden Alters verzeihlich, weil verständlich. Der Ausblick aus dem gläsernen Ensemble ist schlicht umwerfend. Und kostenlos. Er bietet fast die gesamte Stadt auf einen Blick: faszinierende Einsichten und Aussichten auf die verschiedenen Facetten Luxemburgs. Schon wenn man die paar Meter über die obere Querspange – quasi über die Burgmauern hinaus über den Abgrund – geht, verändert sich mit jedem Schritt die Perspektive. Dreht man sich um, dann sieht man auf Augenhöhe die Festungsanlagen der quirligen Oberstadt. Links befindet sich die Rote Brücke, unten rechts und links das sanfte Pfaffenthal, gegenüber die markanten Festungstürme der Drei Eicheln, neben denen sich in der Ferne die Glasfassaden der Finanzwirtschaft auf dem Kirchberg in den Himmel recken. Am Ende der Querspange raus zum eigentlichen Aufzug wartet ein besonderes Highlight für Schwindelfreie. Durch eine gläserne Bodenplatte kann man geradewegs die 60 Meter in die Tiefe blicken, die der Aufzug in 30 Sekunden überwindet. Aber eigentlich lässt sich der Unterschied nicht in Metern und Sekunden beschreiben. Denn man taucht per Lift aus der lebendigen Oberstadt hinab in eine ruhige, fast dörfliche Flusslandschaft entlang der Alzette. Auf dem Weg kann man einen ungewöhnlichen Blick in die Gärten hinter den Häusern werfen, die einen herrlichen Kontrast zum städtischen Treiben bilden. Unten angekommen versteht man schnell, woher der Ausdruck „im Schatten der Burg“ kommt. Beim Spaziergang entlang der Alzette spürt man auch heute noch, welchen Eindruck die Burg und ihre Befestigungen über die Jahrhunderte gemacht haben.

TIPP

Fast gegenüber überwindet eine Standseilbahn die 40 Meter Höhenunterschied zum Kirchberg-Bahnhof.

- Panorama-Aufzug, 2, Rue du Pont, 2344 Luxemburg, beziehungsweise in der Oberstadt bei der Pescatore-Stiftung
- ÖPNV: Bus 23, 26, Haltestelle Pfaffenthal, Théiwesbuer

Wo man vom Boden isst

7 Bourglinster und der weltbeste Gemüsekoch

Eines vorweg: Man sollte für den Rückweg vom Essen deutlich mehr Zeit einplanen. Denn plötzlich sieht man die Pflanzen, Gräser, Sträucher und Bäume am Wegesrand mit anderen Augen und fragt sich unwillkürlich, was davon man gerade eben noch auf dem Teller gehabt haben mag. Die Welt rund um seine beiden Restaurants in Bourglinster ist die Speisekammer des Meisterkochs René Mathieu. Wohlgemerkt die Pflanzenwelt, denn der Belgier hat sich 2020 und 2021 den Titel „weltbester Gemüsekoch" erkocht. Den Michelin-Stern hat sein La Distillerie seit 2012. Gastronomie auf diesem Niveau besteht nicht nur aus Spitzengerichten, daher hat Mathieu in Bourglinster ein Gesamtkunstwerk inszeniert. Ein kleines, fast verschlafenes Dörfchen in einer malerisch grünen Natur rund 15 Autominuten von der Hauptstadt entfernt. Inmitten der alten Häuserfassaden erhebt sich eine eindrucksvolle Burg mit Wurzeln aus dem 12. Jahrhundert. Über die steinerne Burgbrücke geht es in den liebevoll restaurierten Innenhof – was für ein Ambiente! Zwei Metallschilder weisen den Weg zum Sternerestaurant La Distillerie und zu dessen „Alltagsableger" Brasserie La Côté Cour. An diesem Ort wertschätzen sich Mensch und Natur seit Jahrhunderten, und genau dies ist auch der Schlüssel zur „Gemüseküche". Chef René Mathieu und seine Mitarbeitenden holen aus vielfältigsten Wildpflanzen wie Nelkenwurz, wilden Geranien, Birkenrinde oder Farn faszinierende Geschmackserlebnisse heraus – aus Gewächsen, die Normalsterbliche kaum am Wegesrand registrieren würden. „Eine ganz besondere Erfahrung", das verspricht Mathieu seinen Gästen. „Essen, was verfügbar ist. Verwenden, was man im Garten findet, im Wald, am Bach. Die Natur ist überall." Diese Liebe sieht man auch auf den Tellern. Natürliche Strukturen, feine Blätter oder Blüten werden derart filigran und feinsinnig arrangiert, dass man etwas zögert, diese Küchenkunstwerke ganz profan zu essen – aber man kann den verführerisch aufsteigenden Aromen dann doch nicht widerstehen!

- Chateau de Bourglinster, 8, Rue du Château, 6162 Bourglinster
www.bourglinster.lu
- ÖPNV: Bus 100, Haltestelle Op Der Gare

BRASSER
COTE CO

Schloss aus dem Baumarkt

8 Turelbaach: Wochenendhaus geriet aus den Fugen

Unter den nicht wenigen Burgen und Schlössern von Luxemburg ist Turelbaach etwas ganz Besonderes. Denn es ist weder Schloss noch Burg, es ist ein völlig aus den Fugen geratenes Wochenendhäuschen. Das vom Volksmund zum „Schloss Turelbaach" geadelte Ensemble ist die „spinnerte Idee" eines Gemeindesekretärs, der 1964 anfragte, ob er sich in romantischer Lage ein kleines Wochenendhäuschen bauen dürfe. Das Kleinod, das Pol Gilson dann in fast 40 Jahren geschaffen hat, macht schlicht sprachlos. Von Wald umgeben, eine kleine Insel in einem romantischen Weiher, ein Wehrgang über den Zugangsdamm, Tor und Türmchen sowie ein Innenhof mit Zierbrunnen – Turelbaach hat alles, was man von einem Schloss erwartet. Allerdings wurde das Ensemble durch das eher schmale Einkommen eines Gemeindesekretärs zu einer großen Collage aus Stilen und Baustoffen. Fast alles, was Gilson in seinem „Schloss" verbaut hat, sind Restbestände oder ausgemusterte Materialien. Eine alte Hellebarde ziert als Spitze den Turm, Fenster oder Mauerbögen sind meist Unikate. Mit jedem Blick entdeckt man neue Bausteine dieser Collage und fragt sich unwillkürlich, wie dieser Mann dies alles ergattert haben mag.

TIPP

Idealerweise kombiniert man Turelbaach mit einem Besuch in der nahe gelegenen „Eselstadt" Diekirch.

Jahrzehnte verbrachte Gilson jede freie Minute mit seinem Projekt. Und als wäre das Gebäude nicht schon Aufgabe genug, gestaltete er auch den anliegenden Weiher „schlossgerecht" um. Am Ende erschuf er ein irgendwie schräges, aber doch in sich stimmiges Gesamtkunstwerk – ein Projekt, das Gilson zum Helden jeder Heimwerkerwerbung machen würde.

Nach Gilsons Tod hat die Gemeinde 2020 das „Schloss Turelbaach" gekauft. Sie will das Juwel touristisch erschließen. Das dürfte dem Heimwerker im Himmel ein glückliches Lächeln abringen.

● Turelbaach „Castle" liegt am nordwestlichen Rand von Mertzig an der CR345 in Richtung Dellen und ist derzeit nur bei einem Spaziergang rund um den Weiher zu bestaunen. Das Auto frühzeitig am Straßenrand vor der Holzschranke abstellen.

Schloss als Fotomekka

9

Clervaux und die MoMA-Legende „Family of Man“

Diese Bilder haben weltweit schon über zehn Millionen Menschen in ihren Bann gezogen – und sie können es immer noch. Selbstvergessen spielende Kinder, Arbeitsszenen, Schnappschüsse aus dem Leben – die 503 Fotos der Ausstellung „The Family of Man“ sind eine einzigartige Dokumentation des Menschen. Sie wurde hochgelobt und 2003 ins UNESCO-Weltdokumentenerbe aufgenommen. 1955 im New Yorker Museum of Modern Art (MoMA) eröffnet und dann in fast 50 Ländern gezeigt, hat diese legendäre Fotoausstellung nun ihren dauerhaften „Ruhesitz“ auf Schloss Clervaux (Schloss Clerf). Und die Bilder der damals weltbesten Fotografen haben – mittlerweile auch aufwendig restauriert – nichts von ihrer Kraft und ihrem Ausdruck verloren. Immer wieder verliert man sich in einem Bild. Jedes gibt auf seine ganz eigene Art eine Facette dessen wieder, was „den Menschen“ auf diesem Planeten ausmacht. Mal mit komponiertem Motiv, mal als Schnappschuss, aber immer mit faszinierender Nähe. Kein Wunder, sind doch diese 503 Bilder von 273 Fotografen aus 68 Ländern aus fast zwei Millionen Fotos ausgewählt worden. Aber wie kommt eine durch 150 Museen weltweit gereiste Ausstellung der Modern Art in ein Ardennenschloss mit Wurzeln aus dem 12. Jahrhundert? Es ist eine dieser Luxemburger Geschichten von einem Landsmann, der im Ausland Karriere machte, seine Heimat aber nicht vergessen mochte. Eduard Steichen, geboren 1879 im luxemburgischen Bivange (Bivingen), machte in den USA als Designer und Fotograf eine Weltkarriere. Er war in den 1930er-Jahren einer der weltweit angesagtesten Fotografen. Weltstars wie Greta Garbo oder Gary Cooper stellten sich vor sein Objektiv, bevor er Direktor der Fotografieabteilung am berühmten MoMA wurde. Sein Lebensprojekt: „The Family of Man“, die als Schenkung seit 1994 dauerhaft in Clervaux zu sehen ist. Das nach dem Krieg wieder aufgebaute Schloss ist heute mit seinen markant hellen Mauern schon von Weitem ein Blickfang und passender Rahmen für ein Weltprojekt.

TIPP

Im Schloss gibt es noch Museen zur Ardennenoffensive 1944 sowie zum Festungsbau in Luxemburg.

● Schloss Clervaux, Montée du Château, 9710 Clervaux
www.steichencollections-cna.lu
● ÖPNV: Bus 555 ab Ettelbrück

Wenn die Gassen leben

10 Altstadtbummel rund um den Fischmarkt

Wenn es am Ende des Tages ruhiger wird in den verwinkelten kleinen Gassen der Altstadt rund um den Fischmarkt, dann beginnt dort ein zweites, ein „anderes“ Leben. Beim ziellosen Bummeln ist man immer wieder erstaunt, wo sich überall Platz findet, um zu sitzen, zu essen oder bei einem Glas zu schwatzen. Eine Art leidenschaftlich leichte Gemütlichkeit durchzieht die alten Wege zwischen den dicht an dicht stehenden alten Häusern. Die pittoreske Rue du Nord ist ein gutes Beispiel. Es ist bemerkenswert, wie es die kleinen Kneipen schaffen, die kaum autobreite Gasse irgendwie noch so mit Bistrotischen und Stühlen zu beleben, dass es charmant locker wirkt. Gepflegte Enge schafft hier Gemütlichkeit. Etwas mehr Raum bietet sich naturgemäß in Richtung Festungsrand mit Blick über Pfaffenthal und Grund, auf den kleinen Freiflächen zwischen Mauern und Erkern. Auch hier haben sich vielfältige gastronomische Ideen ihren Platz gesichert: von der Cocktail- über die Snackbar für Feinschmecker bis hin zum Biergarten oder der modernen Weinstube. Und natürlich findet man Restaurants aller Couleur – kein Wunder in einem Land, in dem rund die Hälfte aller Einwohner nicht aus Luxemburg stammt. „Bacalhau“ (Stockfisch) und Co. sind zum Beispiel in Luxemburg keineswegs exotisch, stellen doch die Nachfahren ehemaliger Bergarbeiter aus Portugal mit 15 Prozent die größte ausländische Gemeinschaft in Luxemburg. Folglich essen beim Portugiesen wahrscheinlich auch viele Landsleute und damit Kenner der Küche. Ein ruhiger Anker in der bunten Welt der abendlichen Genießer-Altstadt steht am Fischmarkt. Das unübersehbare Haus mit dem säulengetragenen Balkon Ënnert de Steiler ist eines der ältesten der Stadt und datiert zurück bis ins 15. Jahrhundert. Heute beherbergt es an historischer Stätte ein Café. Oder man genießt in der benachbarten Dipso-Weinstube ein „Kippchen“. Wie auch immer, ein Altstadt-Bummel ist ein Muss.

TIPP

Das Licht der Abenddämmerung hüllt das Szenario in besonders reizvolle Farben.

- Dipso, 4, Rue de la Loge, 1945 Luxemburg, Ënnert de Steiler, 2, Rue de la Loge, 1945 Luxemburg
- ÖPNV: Bus: 9, 14, Haltestelle Casemates oder Bus 19, 31, Haltestelle Centre, Gruef

pepsi MAX
pepsi MAX

Verwunschene Landschaften

11 Im Tal der sieben Schlösser an der Eisch

Der Name klingt mystisch-verwunschen: das Tal der sieben Schlösser. Ein kleines Flüsschen, wunderschöne Hügel und Wälder, verschlafen-beschauliche Ortschaften – und in dichter Folge diese sieben Befestigungen, denen das Tal seinen Namen verdankt. Die Dichte und Vielfalt machen die Einschnitte der Eisch in die Hügellandschaft zu einem perfekten Ausflugsort – die 25 Kilometer können per Auto, Rad oder zu Fuß absolviert werden. Die Abstände zwischen den Etappenzielen – Mersch, Schoenfels, Hollenfels, Ansembourg mit einem Burgenduo, Septfontaines und Koerich – sind überschaubar. Am Ausgangspunkt Mersch – 20 Autominuten von der Hauptstadt entfernt – reckt sich ein Schloss aus dem 13. Jahrhundert mit massiven eckigen Türmen über dem Städtchen, heute residiert dort die Ortsverwaltung. Folgt man der CR 105, dann reihen sich die Schlösser und Burgen wie auf einer Perlenschnur aneinander. Jeder Bau ist anders: mal im Stil, mal in der Anbindung zum Ort, mal im „Auftritt". Mal mit massiven Wehrtürmen, mal mit fast filigranen „Ziertürmchen". Manche aufwendig restauriert und strahlend, manche noch als Ruine ihre alte Kraft ausstrahlend. Bestes Beispiel für Letzteres ist die Grevenburg in Koerich am Ende der Schlosstalreise. Der Wasserburg aus dem 13. Jahrhundert mit ihren eindrucksvollen Gräben kann man heute noch ihre damalige Macht ansehen. Die Mauern des Wehrturms sind über 3 Meter dick. Wieder anders präsentiert sich die Burg Hollenfels, deren massiver Burgfried noch heute mächtig Eindruck schindet. Vier Türmchen – Pfefferbüchsen genannt – prägen das Bild der Ruine von Schoenfels, unweit von Mersch. Die meisten Schlösser können tagsüber kostenlos besucht werden. Das alte Ansembourg (heute Luxushotel) und Septfontaines sind in Privatbesitz und nicht zugänglich. Doch dank klug platzierter Aussichtspunkte kann man sie dennoch in ihrer Landschaft genießen. Einer Landschaft, die der französische Schriftsteller Victor Hugo schon um 1870 treffend als „vallée mystérieuse" beschrieb.

TIPP

In Koerich lohnt sich ein Blick auf die Barockkirche St. Remy und die alten Häuser des Ortes.

● Ausgangspunkt: Schloss Mersch, 3, Place St Michel, 7556 Mersch
www.visitguttland.lu
● ÖPNV: Bus 402 ab Ettelbrück

Aufzug durch Jahrtausende

12

Beeindruckende Geschichte und Kunst im MNHA

In die Tiefen der Geschichte abtauchen – das kann man im Nationalmuseum für Geschichte und Kunst (Musée national d'histoire et d'art – MNHA) am Fischmarkt wortwörtlich verstehen. Die jüngere Vergangenheit findet man in den fünf oberirdischen Stockwerken, doch besonders spannend wird es weiter unten: Mit einem gläsernen Aufzug geht es fünf Etagen tief hinunter in den Felsen und dabei um 9000 Jahre zurück – in die Steinzeit und zum ältesten Luxemburger. Die Abteilung „Geschichte" des MNHA ist spektakulär inszeniert und ein Erlebnis. In einer Felsenhöhle warten bemerkenswerte Artefakte wie Faustkeile oder Feuersteine sowie das Skelett des Loschbour-Menschen, der vor 8000 Jahren starb und 1935 im Müllerthal entdeckt wurde – in Luxemburger Umgangssprache salopp als „Loschi" bekannt. Auf dem Weg zur Oberfläche durchquert man die Eisenzeit, um dann in drei Tiefetagen die Spuren der gallo-römischen Epoche zu entdecken. Vor allem an der Mosel hinterließen die Besatzer Spuren – von Waffen, Münzen oder Haushaltsgeräten bis zu Wohnkultur. Ein Highlight: das prachtvolle, rund 60 Quadratmeter große Fußbodenmosaik aus dem Empfangsraum einer römischen Villa in einer Siedlung an der Mosel, das Homer mit den neun Musen zeigt. Der Lift durch die Jahrtausende führt dann zu den Etagen der Merowinger und der Gründerzeit Luxemburgs bis hin zur Festungszeit, in der sich die großen Nationen Europas in Luxemburg als Besatzer oder Herrscher die Klinke in die Hand gaben.

TIPP

Zum Sackenlassen ins Café Konrad ums Eck (7, Rue du Nord), eine Institution in der Oberstadt.

Gerade diese ständig wechselnden Einflüsse der unterschiedlichen europäischen Herrscherhäuser und Kulturen machen die nächsten oberirdischen Kunstetagen so spannend. Vom Klassiker der mittelalterlichen Malerei bis hin zu Werken der großen Namen wie Magritte, Cézanne oder Delvaux gibt es hier viel zu entdecken. Mit einigem Stolz werden Bilder des berühmten englischen Landschaftsmalers William Turner gezeigt. Der Romantiker war ebenso ein Bewunderer Luxemburgs wie der französische Schriftsteller Victor Hugo, dessen Zeichnung der Burg Vianden das liebevolle Auge förmlich spüren lässt.

- MNHA, Marché-aux-Poissons, 2345 Luxemburg, www.mnha.lu
- ÖPNV: Bus 19, 31, Haltestelle Centre/Kasinosgaass

Naturmuseum mit Badehose

13 Schengens Biodiversum schafft Einblicke

Es ist ohne Zweifel ein Hingucker, das länglich flache Holzgebäude am Ufer. Wären nicht die dreieckigen Fensterwölbungen, könnte man es für ein gigantisches umgedrehtes Boot halten. Es ist indes an ein keltisches Langhaus angelehnt. Für das Biodiversum hat Stararchitekt François Valentiny den Spagat zwischen Aufmerksamkeitsstärke und Harmonie mit der Landschaft geschafft. Auf einer kleinen Halbinsel im Mosel-Feuchtgebiet des Remerschen Haff ist das Biodiversum eine spektakuläre Anlaufstelle, um dort die Natur einer ursprünglichen Landschaft neben einem Fluss zu entdecken. Das Haff Réimech besteht aus alten Baggerseen, die der Natur überlassen wurden und nun faszinierende Einblicke in Flora und Fauna abseits „kultivierter" Flussläufe ermöglichen. Im Gebäude gibt es viele spannende Ideen für Neugierige. Man kann beispielsweise die Rufe der verschiedenen Vögel des Gebiets kennenlernen und sich die Tiere anzeigen lassen. Witzig: Besucher dürfen die gehörten Vogelstimmen nachmachen – und ein Computer bewertet dann, ob der Regenpfeifer nicht eher nach Reiher klingt. Das Biodiversum kann man kostenlos und täglich bis auf montags besuchen. Verschiedene Rundwege sind die „Außenabteilung" des Museums. Teils führen Holzstege übers Wasser, teils passiert man fast urwaldartige Bäume und Sträucher – die Vielfalt ist überwältigend. Und ein beeindruckender Kontrast zur fast „organisierten" Uferlandschaft entlang der Mosel nur wenige Kilometer entfernt. Im artenreichsten Gebiet Luxemburgs kann man Vögel von Grauschwalbe und Kormoran bis zum Haubentaucher entdecken, Fuchs oder Wildkatze tummeln sich am Ufer. Es ist spannend zu sehen, wie die Natur sich Lebensraum zurückerkämpft und Baggerseen in knapp dreißig Jahren in eine artenreiche Auenlandschaft verwandelt. An warmen Tagen können sich nicht nur die Vögel im Wasser abkühlen, auch Besucher dürfen in einem der Baggerseen baden.

TIPP

Im Ort gibt es mehr Informationen über den Architekten in der Valentiny Foundation (Glücksort 52).

● Biodiversum, 5, Breicherwee, 5441 Schengen
www.biodiversum.lu
● ÖPNV: Bus 315 ab Luxemburg-Stadt

Nachdenkliche Schönheit

14 Die Foundation Pescatore am Stadteingang

Es macht mächtig Eindruck, das hochherrschaftliche Gebäude am Eingang zur Oberstadt. So viel Eindruck, dass man es jederzeit für die Residenz eines Adelsgeschlechts oder einer repräsentativen Staatsinstanz halten könnte. Eine Residenz ist es auch, und zwar im bemerkenswertesten Sinne des Wortes: eine Seniorenresidenz. 1892 als Stiftung des wohlhabenden Kaufmannes Jean-Pierre Pescatore fertiggestellt und seitdem in städtischer Verwaltung, sind Bau und Garten ein spektakuläres Stück Sozialleben und für Besucher wie Bewohner ein Platz zum Atemholen in unmittelbarer Nähe der lebendigen Altstadt. Man kann sich der Faszination und der Schönheit des Ortes nicht entziehen. Die Gartenanlagen sind sanft und ruhig gestaltet, selbst der eingrenzende Zaun wirkt eher einladend als abweisend. Eine Oase. Trotzdem ist dieser Ruhesitz für Stadt-Luxemburger – so wurde es von Pescatore für seine 500.000-Franc-Stiftung 1855 festgeschrieben – dicht dran am „alten Leben“, denn direkt gegenüber liegt der beliebte Stadtpark und nur einige Minuten entfernt die quirlige Geschäftswelt der Oberstadt und die Altstadt. Und schließlich ist es nur ein Katzensprung zum Eventplatz am Glacis-Feld. Selbst das Ufer der Alzette und ein Spaziergang durch Pfaffenthal ist nah, denn nur wenige Meter vom Eingangstor der Foundation entfernt geht es mit dem Panorama-Aufzug die 60 Meter hinab ins Tal. Die rund 350 Bewohner wissen genau dies zu schätzen. Es sei „wie Leben in einem klassisch schönen Stadthotel“, so ließ sich ein Senior in einer Tageszeitung zitieren. Ein treffender Vergleich, wie Besucher beim Blick auf die Architektur und beim Spaziergang durch den „Hotelpark“ feststellen werden. Spannend ist dort auch eine Skulptur von Jean Bernard Métais, die aus zwei bronzenen Halbkugeln besteht, 4 Meter hoch und 7 Meter breit. Tritt man in sie hinein, dann brechen 8000 Löcher den Blick derart, dass sich völlig neue Perspektiven entwickeln.

● Foundation Pescatore, 13, Avenue Jean-Pierre Pescatore, 2324 Luxemburg
● ÖPNV: Bus 8, 12, 20, Haltestelle Foundation Pescatore

Bizarr mit Tiefgang

15 Galerie im Tunnel der Spuerkeess

Manchmal sind Komplimente sehr versteckt. Sie gehöre zu den Top Ten der „bizarrsten Galerien", so schrieb die britische Zeitung „The Independent" über die Galerie Am Tunnel. Nicht grundlos, denn der Ausstellungsraum ist mindestens so gut versteckt wie das Kompliment. Schon die Entstehungsgeschichte ist „luxemburgisch". Denn eigentlich ist der Kunsttunnel 1987 als „interner kleiner Dienstweg" zwischen zwei Bankgebäuden der staatlichen Spuerkeess auf dem Plateau Bourbon geplant gewesen. Doch 1994 wurde die 350 Meter lange und 15 Meter tiefe Unterführung kurzerhand umgewidmet und zur Galerie Am Tunnel. Dieser sehr spezielle Ausstellungsraum erzeugt schon auf den ersten Blick eine besondere Atmosphäre. Die sich lang hinziehenden Tunnelwände verleihen den Werken eine zusätzliche Perspektive. Künstlerischer „Anker" mit einer Dauerausstellung ist Luxemburgs Fotografenikone Edward Steichen, ehemals Direktor der Fotografieabteilung des weltberühmten New Yorker MoMA (Museum of Modern Art). Eine Dauerausstellung zeigt aus seiner renommierten Sammlung eine Reihe von ausgewählten Werken. Seine großformatigen Schwarz-Weiß-Bilder in der geduckten Geometrie des Ganges – ein spannender Kontrast. Der Kunsttunnel beherbergt zudem interessant ausgewählte Wechselausstellungen. Hier finden international bekannte Künstler ebenso Platz wie aufstrebende Talente aus Luxemburg. Fotos, Drucke, Gemälde oder auch Installationen machen die vielleicht tiefste Galerie der Welt immer wieder aufs Neue attraktiv. Die Beschreibung des „Independent" kommt dem Besucher augenblicklich wieder in den Sinn, wenn er nach dem Eingang zur Unterwelt sucht. Es geht nur durchs Bankgebäude. Erst nach einer Sicherheitsprüfung sowie einem Gästebucheintrag darf man wochentags zwischen 9 und 17 Uhr kostenlos abwärts zur Kunst. Eine Bank als Galerie ist schon etwas „bizarr".

- Galerie Am Tunnel, 16, Rue de Zithe, 2763 Luxemburg, www.bcee.lu
- ÖPNV: Tram T1, Haltestelle Place de Metz

SPUERKEESS

Im Sessel zu den Türmen

16 Vianden: Ein Bild von einem Schloss

Ein kurzer Ruck, etwas Geschaukel – dann hat man freie Sicht. Richtig freie Sicht, so wie sie nur ein Sessellift bieten kann. Zudem ist der Ausblick einzigartig vielfältig: eines der schönsten Flusstäler Luxemburgs, einer der schönsten Orte sowie die wohl schönste Burg des Landes. Und zusätzlich schön: Der Sessellift erspart den Aufstieg auf den 220 Meter höher gelegenen Hügelkamm! So kann man gelassen im Schweben den Blick schweifen lassen über den Wald, die endlosen grünen Hügel, den Ort Vianden, der sich im schmalen Tal dicht an die Our schmiegt, und die stolzen Türme und Mauern der Burg. Zu dieser kann man dann über den Kamm wandern (festes Schuhwerk!), wenn man an der Bergstation den grandiosen Rundumblick genossen hat. Rund 1000 Jahre alt sind Teile der Burg, die vor einigen Jahren zu einem bemerkenswerten pittoresken Kleinod restauriert wurde und als stimmungsvolle Kulisse für Filme mit Hollywoodstar Patrick Swayze oder Frankreichs Kinolegende Catherine Deneuve diente. Dass die damaligen Grafen von Vianden den Standort ihrer Burg mit Bedacht wählten, belegen die wunderschönen Ausblicke von Türmen, Mauern und Erkern. Ihren Reichtum kann man auch bei einem Streifzug durch die Innenräume erahnen. Rittersaal, Waffenkammer und Burgkapelle werden mit ihren zeitgenössischen Möbeln und Gegenständen liebevoll präsentiert. Doch auch wenn die Burg alles überragt, einen Spaziergang durch das Örtchen Vianden sollte man keinesfalls auslassen. Dort lassen sich alte Häuser und Strukturen entlang der Hauptstraße bewundern, oder man grübelt über die Skulpturen von Tüncher, Narr und Musikant am Rathaus. Wer mag, begibt sich auf die Spuren von Victor Hugo im gleichnamigen Haus, der in den politischen Wirren um 1870 hier Zuflucht suchte. Seine Hommage: „Heute, in seiner herrlichen Landschaft, die eines Tages ganz Europa besuchen wird, besteht Vianden aus zwei gleichermaßen tröstlichen und großartigen Dingen, das eine unheimlich, eine Ruine, das andere lachend, ein Volk.“

- Museum Victor Hugo, 37, Rue de la Gare, 9420 Vianden, www.victor-hugo.lu
- Sessellift, 39, Rue du Sanatorium, 9440 Vianden, www.vianden.lu/sessellift/
- ÖPNV: Bus 570 ab Ettelbrück

Eulenspiegel bis ins Grab

17

Hauptmann von Köpenick – die Fortsetzung

Erinnern Sie sich an den „Hauptmann von Köpenick", die tolldreiste Geschichte um militärische Hochstapelei und wie am Ende des Films Heinz Rühmann in viel zu großen Hosen aus dem Bild watschelte? Nun, die Fortsetzung spielt in Luxemburg, bis zum letzten Vorhang des Hauptmanns und darüber hinaus, und zwar typisch skurril. Nach seinen Berliner Eskapaden blieb der echte Wilhelm Voigt auf dem Weg zum Traumziel Amerika in Luxemburg hängen und vermarktete erfolgreich seine Posse. Dass er dann trotz aller Popularität doch verarmt starb, das passt zu der tragisch-komischen Geschichte rund um den Hauptmann von Köpenick. Dabei erlebte Wilhelm Voigt mit seiner Hauptmannsrolle in Luxemburg seine besten Zeiten. Auftritte in Uniform und all das, was man heute Merchandising nennen würde, machten aus dem Habenichts einen gemachten Mann – selbst für Luxemburger Verhältnisse. Seine Chuzpe, für die ihn sein Schriftstellerpate Carl Zuckmayer den „Eulenspiegel des 20. Jahrhunderts" nannte, machte ihn interessant. Kostprobe: Angesprochen auf seine Fantasieuniform entgegnete er schnoddrig: „Das is'n Hausrock, den darf jeder tragen. Der wird zur Uniform erst in dem Momang, wo ich Achselstücke dran befestige." Dass er als Protestant seine letzte Ruhe ausgerechnet auf dem streng katholischen Liebfrauen-Friedhof in Luxemburg fand, passt ebenfalls ins Bild. Ja selbst, dass er sich auf seinem letzten Weg mit dem Namen „Hauptmann von Köpenick" noch militärische Ehren bei einer vorbeimarschierenden Soldatenpatrouille „erschleichen" konnte. Bei dem Unterhaltungswert ist nachvollziehbar, dass die Stadt Luxemburg ab 1975 die Kosten für Grab und neuen Grabstein übernahm. Bleibt die Frage: Kann ein Grab ein Glücksort sein? Hauptmann Voigt würde in Sachen Tod auf eine seiner „Köpenickiaden" verweisen. Auf eine irrtümliche Todesnachricht schrieb er dem Zeitungsverleger: „Ick habe mir sehr über diesen schönen Nachruf gefreut." Also kann ein Grab ein Glücksort sein? Ja, denn dieses Grab lässt lächeln.

TIPP

Mit Münzen auf dem Stein für die Grabpflege erweisen Besucher dem Eulenspiegel ihre Reverenz.

● Liebfrauenfriedhof (Cimetière Notre-Dame), Allée de Résistants et des Déportés, 1431 Luxemburg, www.vdl.lu/de/besuchen/kunst-und-kultur/
● ÖPNV: Bus 8, 12, 16, 21, 22, Haltestelle Stäreplaz/Étoile

HAUPTMANN
VON
KOEPENICK
Wilhelm Voigt
1850 1922

Lecker aus Luxemburg

18 Ein Feinkostladen voller Nationalstolz

„Unser Essen ist sehr, sehr wichtig für uns." Mit diesem kurzen Satz bringt Luxemburgs Kochikone Léa Linster die Lebenseinstellung eines ganzen Landes auf den Punkt. „Im Gegensatz zu Deutschland sind es bei uns eher diese Kleinigkeiten, diese köstlichen Kleinigkeiten. Das macht den Unterschied." Mitten in Luxemburgs Oberstadt, einen Steinwurf entfernt vom Knuedler, kann man nach Herzenslust in diesen köstlichen Kleinigkeiten stöbern. Zudem noch in einer gehörigen Portion Nationalstolz, denn die De Buttek vu Lëtzebuerg ist „das erste Luxemburger Feinkostgeschäft mit 100 Prozent Luxemburger Produkten", so das Inhaberpaar Pit und Veronica Wanderscheid. Aus den Ardennenwäldern beispielsweise kommt die aromatische Wildschweinsalami in ganz unterschiedlichen Zubereitungsarten, Wein und Crémant aus den Winzerdörfern entlang der Mosel. Vom Oberlauf der Sauer stammt ein spannender Crémant aus Quitten und aus Ramborn ein Cidre und ein spezieller Balsamico-Essig. Aus dem Minette kommen die Kaffeemischungen, die zusammen mit einem Unternehmen aus Esch speziell auf den Luxemburger Geschmack abgestimmt sind. Stichwort Luxemburger Geschmack: Pit Wanderscheids „Kachkéis mat Trüffelen" ist eine köstliche Variation des Kochkäses, jenes Nationalgerichts, dessen klebrige Konsistenz allerdings nicht jedermann gefällt. Vielfältige Chutneys, Soßen oder Nudeln aus der Region füllen die Regale und Auslagen. Ein weiteres Nationalgericht darf natürlich nicht fehlen: die Rieslingpastete. Die herzhafte Pastete mit einer in Riesling marinierten Füllung aus Schweine- und Rindfleisch, ausgebacken in einer Teighülle, ist eine Art Kult im Großherzogtum. Sie gehört eben zu diesen typischen kleinen kulinarischen Köstlichkeiten, mit denen man in Luxemburg die Liebe zum Essen zelebriert.

- Wanderscheid. De Buttek vu Lëtzebuerg, 4, Rue du Fossé, 1536 Luxemburg
www.bwanderscheid.com
- ÖPNV: Busse 11, 16, 18, 2, 21, 212, 222, 270, 4, 5, Tram 1, Haltestelle Knuedler (Place Guillaume II)

Wanderscheid
De Buttek vu Lëtzebuerg

Hier geht es rund

19 Die Rotondes: Kultur in alten Hallen

Zwei alte Ringlokschuppen sind zu Lokomotiven der jungen Kulturszene Luxemburgs geworden. Hier geht es rund. Konzerte, Künstler, Kleidermärkte – die eindrucksvollen Hallen bieten Raum für blühende Vielfalt. Der Kalender ist so gut gefüllt, dass die Rotondes den Besuchern jederzeit etwas zu bieten haben. Beispielsweise ein Bummel durchs Containerdorf, das zwischen den beiden Rundbauten errichtet wurde und nun Heimat für alle Arten von künstlerischen Aktivitäten ist. Proberäume, Atelier, Studio – Bild und Stimmung erinnern an ein Artistendorf neben dem Zirkuszelt. Das „Zelt" sind hier die beiden eindrucksvollen Ringlokschuppen. Sie wurden im Jahr 1877 gebaut, um je 18 Dampfloks auf engem Raum zu beherbergen und vor allem in Fahrtrichtung zu drehen. Sie bieten viel Raum – und eine drehbare Plattform, die heute als bewegliche Bühne genutzt wird. Große Fensterflächen und ein faszinierendes, im klassizistischen Stil damaliger Industriebauten gestaltetes Oberlicht sorgen im Innern für einzigartige Lichtverhältnisse. Beim Bummeln kann man sich in Ruhe darüber klar werden, welche der beiden Schwestern einem besser gefällt: die klare Schönheit der 2007 renovierten Rotonde oder doch die „Naturbelassene" mit ihrer Patina und dem alten Charme. Erstere war übrigens der Ort, an dem 2007 Luxemburg seine Kampagne als Kulturhauptstadt Europas eröffnete und damit den Startschuss zum Wachstum dieses neuen Kulturzentrums gab. Abends teilen sich die beiden den Betrieb. In der „alten Dame" sind ein Café und ein Club heimisch, in der „verjüngten" Rotonde gibt es größere Events. In den Sommermonaten herrscht zudem rund um die Rundgebäude buntes Treiben. Man trifft sich hier zum Essen und Trinken, zum Sehen und Gesehen-Werden. Dieses Leben belebt auch mehr und mehr den angrenzenden Ortsteil Bonnevoie (Bonneweg). Lange Zeit als Arbeiterviertel in Bahnhofsnähe etwas vergessen, blüht das Viertel seit einigen Jahren auf.

- Rotondes, 3, Place des Rotondes, 2448 Luxemburg-Bonnevoie, www.rotondes.lu
- ÖPNV: Bus 3, 5, 74, 97, Haltestelle Bonnevoie, Virchow

Angler und Aquarium

20 Wasserbillig: Der Name ist gar nicht billig

Der Angler kämpft mit einem anscheinend sehr dicken Fisch, die Angelrute jedenfalls ist mächtig gebogen. Aber dieses Duell ist schon seit Jahren unentschieden. Denn die beiden Angler an Wasserbilligs Uferpromenade sind Skulpturen und eine Art Wahrzeichen für den Ort, an dem die Sauer in die Mosel mündet. Hier ist das Moselufer nicht nur schön, hier steht das Leben am Fluss im Mittelpunkt. Die elektro-solarbetriebene Autofähre nach Deutschland, vielfältige Wassersportler, Binnenschiffe – wenn man die lange Uferpromenade entlangspaziert, dann wird es dem Auge nie langweilig. Die Mosel als Transportader und ihr Tal als Pforte für den Durchgang zwischen dem gallischen Rheinland und dem romanischen Gebiet jenseits der Ardennen hatten wohl auch die alten Römer im Blick, als sie an der Sauer-Mündung im 1. Jahrhundert nach Christus ein Kastell errichteten. Sie nannten diese Siedlung „Biliacum", was im Laufe der Zeit zum „Billig" im luxemburgischen Wasserbillig wurde. Die Lage zwischen den Moselhängen und den flacheren Hügeln an der Sauer haben das Örtchen zu einem Verkehrsknotenpunkt gemacht und zu einigem Wohlstand gebracht, was man unter anderem an der hübschen Pfarrkirche mit einem eindrucksvollen Barockaltar aus dem Jahr 1748 erkennen kann. Der Angler an der Promenade kann auch als Hinweis auf eine Attraktion Wasserbilligs verstanden werden: das Aquarium. In 15 Becken mit bis zu 40.000 Litern Inhalt tummeln sich Wasserbewohner aus fast allen Teilen der Erdkugel, von Koi und Korallenfischen bis Piranhas. Aber auch das, was sich vor der Haustür in Mosel, Our oder Sauer unter der Oberfläche versteckt, kann man hier bewundern: von Aal, Barsch und Rotauge bis zu Hecht und Zander. Übrigens: Noch heute ist das „Billig" in Wasserbillig prägend. In der östlichsten Gemeinde Luxemburgs hat man sich auf deutsche Tanktouristen eingestellt. Und so reihen sich in „Sprit-Billig" gleich hinter der Grenze über ein Dutzend Tankstellen aneinander.

● Aquarium, Rue des Pépinières, 6645 Mertert
http://aquarium.wasserbillig.lu/Deutsch/home.html
● ÖPNV: Bus 303 ab Luxemburg-Stadt

Seilbahn in der Stadt

21

Funiculaire zwischen Pfaffenthal und Kirchberg

So reizvoll und verlockend die unterschiedlichen Perspektiven in Luxemburg sind, in dieser Stadt zwischen Fels und Tal ist ein spontaner Standortwechsel schwierig. Doch im Schatten der Roten Brücke über die Alzette kann man mit einem ungewöhnlichen Verkehrsmittel „mal eben“ vom Tal in die Höhen vom Kirchberg wechseln. Einfache Blickwechsel für Besucher waren jedoch nicht der eigentliche Grund für Luxemburgs Stadtväter, Ende 2017 eine städtische Standseilbahn in Betrieb zu nehmen. Anders als bei dem Aufzug am Heilig-Geist-Plateau zum Petrusstal und dem Panoramalift zum Pfaffenthal sollte es nicht eine Lösung für einige wenige sein, sondern für möglichst viele Menschen den Weg zwischen Berg und Tal verkürzen. Die Lösung ist so eindrucksvoll und pfiffig gelungen, dass man als Besucher gern genauer hinschaut. Ist doch die zumeist französisch bezeichnete Funiculaire unten mit der Bahnstation im Pfaffental verbunden und oben mit einem Verkehrsknotenpunkt zum Einstieg in das Verwaltungsviertel Kirchberg. Nur 63 Sekunden benötigt eine Kabine für die 200 Meter lange Fahrtstrecke, um Pendler über die rund 40 Meter Höhenunterschied zwischen Eisenbahn und Straßenbahn zu heben; dicht getaktet und kostenlos, so wie alle innerstädtischen Verkehrsmittel. Zudem ist sie sehr beliebt, denn je nach Verkehrslage spart die Standseilbahn schon mal rund 30 Minuten ein auf dem Weg vom Tal auf den Kirchberg. Auch für Luxemburgtouristen ist die Funiculaire nicht nur als Fotomotiv oder spannendes Bauwerk attraktiv. Eine Erkundungstour mit den sehr speziellen Luxemburger Verkehrsmitteln könnte aus der Oberstadt mit dem Panoramalift runter ins Pfaffenthal führen, einige Schritte entlang der Alzette, um dann mit der Standseilbahn wieder hinauf auf den Kirchberg zu fahren und dort mit der futuristischen Tram das Europaviertel zu entdecken.

TIPP

Oben am Kirchberg hat man von der Roten Brücke einen herrlichen Blick auf Seilbahn und Tal.

● Standseilbahn Funiculaire, Avenue John F. Kennedy, 1115 Luxemburg bzw. Gare Pfaffenthal, 16, Rue Saint-Mathieu, 2663 Luxemburg

● ÖPNV: Tram T1, Haltestelle Rout Bréck (Rote Brücke)

CFL

Kirchlein wird Kathedrale

22

Das späte Wachstum von Luxemburgs Wahrzeichen

Sie ist das herausragende Bauwerk in Luxemburgs Oberstadt, ihre drei spitzen Türme prägen die Silhouette: Die Kathedrale Notre Dame (Unserer lieben Frau) vereint schlichte Schönheit mit „typisch Luxemburger Lösungen“ und lässt Betrachter staunen. Denn zunächst mag man kaum glauben, dass die drei so unterschiedlichen Türme zum selben Bauwerk gehören. Und da es sich ohne repräsentativen Freiraum eng an die Nachbarhäuser anschließt, wirkt das Gotteshaus fast wie im Nachhinein hineingezwängt. Womit man schon auf der richtigen Fährte wäre. Denn zunächst stand an diesem Ort ab 1613 ein Jesuitenkirchlein, dem damaligen Status einer kleinen Festung angemessen. Erst mit der Entwicklung Luxemburgs zu einem eigenständigen Land wuchs auch die Bedeutung des Gotteshauses, das 1870 von Papst Pius IX. zur Cathedrale Notre Dame „befördert“ wurde. Aber erst in den 1930er-Jahren wurde das Kathedralen-Kirchlein umgebaut und erweitert, die heutige Form mit Schiff und Türmen geschaffen. Damals schon ein wohlhabendes Land leistete sich Luxemburg dafür ein spannendes Konzept. Schon auf den ersten Blick beeindruckt der Innenraum mit detailverliebten Dekorationen, hochwertigen Materialien (die Figuren sind fast alle aus Alabaster) und vor allem einer lichtdurchfluteten Architektur. Dadurch kann man noch besser erkennen, wie opulent beispielsweise die Empore mit Stilelementen der Spätgotik und Renaissance verziert wurde. Kunstvoll und farbenprächtig gestaltete Fenster bewirken immer wieder wechselnde Beleuchtungen und Stimmungen im Altarraum. Nicht minder eindrucksvoll sind die Glasmalereien an der Fürstenloge, in Richtung Krypta die Figurengruppe der Trauernden am Grabmal von König Johann oder die mächtigen Statuen der Löwen, die drohend die herzogliche Gruft bewachen. Das kleine Kirchlein hat sich gemausert.

TIPP

Gegenüber auf der anderen Straßenseite am Festungsrand schlendern und den Blick ins Tal genießen.

- Cathedrale Notre Dame (Kathedrale unserer lieben Frau), Rue Notre-Dame, 2240 Luxemburg
- ÖPNV: Bus 2, 3, 4, 5, 9, Haltestelle Centre, F. D. Roosevelt, Bus 19, 31, Haltestelle Cathedrale

So is(s)t man in Luxemburg

23 Traditionsgasthaus Um Dierfgen

„Wenn Luxemburger vor einer Entscheidung stehen, dann setzen sie sich erst einmal zum Essen hin." So spitzzüngig beschrieb einmal der Luxemburger Schriftsteller Roger Manderscheid das Verhältnis seiner Landsleute zum Thema Essen. Blickt man auf die Vielzahl von Restaurants oder Spezialitätengeschäften, dann muss offensichtlich viel entschieden werden im kleinen Großherzogtum. Was die Luxemburger als „kulinarische Entscheidungshilfe" traditionell zu sich nehmen, das kann man im Um Dierfgen entdecken. Seit fast 50 Jahren ist Um Dierfgen ein Begriff für klassische Luxemburger Küche – meist kräftig, deftig und sättigend. Ähnlich wie bei den Nachbarn in der belgischen Wallonie hält man auch hier nicht viel von der „Übersichtlichkeit auf den Tellern", wie man hier gern über die gehobene französische Küche spottet. Und so gibt es bei einem typischen Nationalgericht, den „Kniddelen mat Speck" (Mehlknödel nach Luxemburger Art mit feinem Speck), stets einen gut gefüllten Teller. Die „Feinen Würste mit Kartoffelsalat" oder „Bratwürste mit Senfsoße" stammen natürlich aus der Region, ebenso wie die Blutwurst, die gebraten mit Kartoffelpüree und Apfelmus serviert wird, oder die „Lënsenzoop", die Linsensuppe mit „Wurscht". Den Stolz auf die Produkte der Region spürt und schmeckt man auch bei den Wildgerichten. Ob Wildschwein- oder Rehragout – bei beidem fehlt nicht der Hinweis auf die Herkunft aus der Nähe. Im Um Dierfgen, dessen gemütliche Fassade schon auf das Innenleben einstimmt, ist das passende Getränk traditionell ein Bier – natürlich auch aus der Region.

TIPP

Kachkéis (Kochkäse) ist eine traditionelle Spezialität Luxemburgs, aber nicht jedermanns Sache.

● Um Dierfgen, 6, Côte d'Eich, 1450 Luxemburg, www.umdierfgen.lu
● ÖPNV: Bus 19, 31, Haltestelle Kasinosgaass

CAFE-RESTAURANT
„um Dierfgen"
UM DIERFGEN
UM DIERFGEN
UM DIERFGEN

Die Kunst der Buchmalerei

24 Echternachs Mönche als Weltmarktführer

Ihr Bild prägt heute die Silhouette des Städtchens und die an dieser Stelle entstandenen Bilder prägten den „Markennamen" der Echternacher Schreibschule im Mittelalter: die Abtei und die Basilika von Echternach. Was hier Benediktiner in schier unfassbar liebevoller Fleißarbeit zu Papier brachten, das waren damals schon Meisterwerke der Buchmalerei. Heute sind es Kostbarkeiten in den Museen der Welt. Im Abteimuseum sind daher nur Nachfertigungen zu sehen, doch die sind allein schon durch ihre Detailfülle beeindruckend. Zusammen mit den Hintergrundinfos der Ausstellung über Arbeitsweisen, Farbfertigung oder Papierherstellung in dem damals weltbekannten Scriptorium wächst die Bewunderung für das, was die Ordensleute in fast meditativer Arbeit und mit unglaublichem Aufwand geleistet haben. Dazu gehört beispielsweise der Codex Aureum, ein mit Goldtinte geschriebenes Evangeliar, das heute in Nürnberg zu sehen ist. Die wechselhafte Geschichte dieses Ortes seit seiner Gründung durch den Missionar Willibrord im Jahr 698 dokumentiert auch der erste Blick auf die Basilika mit ihren vier mächtigen Türmen. Sie ist die fünfte Kirche an dieser Stelle zu Ehren des heiligen Willibrord, dessen merowingischer Steinsarg in der Krypta steht. Und hätte man gegen Ende des Zweiten Weltkriegs hier gestanden, man hätte nur Trümmer gesehen. Zusammen mit der Abtei nebenan zeigt sich das Ensemble jedoch nach dem Wiederaufbau so eindrucksvoll den Besuchern, dass man die Basilika leicht um Jahrhunderte zurückdatieren würde. Die mächtigen romanischen Türme, die prächtigen Glasmalereien oder die Seitenschiffe mit den Barockelementen – die Willibrord-Basilika ist ein wahrer Eyecatcher. Und übrigens auch Ziel der berühmten „Echternacher Springprozession". Die mittlerweile zum UNESCO-Kulturerbe erklärte Prozession lockt jeden Pfingstdienstag Tausende Menschen in die Stadt. Zu Geschichte und Hintergründen – beispielsweise zur Schrittfolge – gibt es Informationen und historische Bilder in der Basilika.

TIPP

Bei einem Spaziergang am Echternacher See kann man ein echtes Kleinod der Natur entdecken.

● Tourismusbüro, 9-10, Parvis de la Basilique, 6486 Echternach
www.visitechternach.lu
● ÖPNV: Bus 109, 110, 111 ab Luxemburg-Stadt

See you, Goethe

25 Luxemburg mit des Dichters Augen und Worten

Auch wenn es seit 1935 einen Gedenkstein gibt, sind es – wie es sich für einen Dichter gehört – seine Worte, die die Generationen überdauern. „Hier findet sich soviel Größe mit Anmut, soviel Ernst mit Lieblichkeit verbunden, dass wohl zu wünschen wäre, Poussin hätte sein herrliches Talent in solchen Räumen betätigt." So beschreibt Johann Wolfgang von Goethe 1792 seine Reiseeindrücke von Luxemburg. Kein Wunder, dass die Luxemburger dieses Kompliment gern in Stein gemeißelt auf dem Bockfelsen am Clausener Berg präsentieren. Dass Goethe Poussin, einem seiner Lieblingsmaler, die Eindrücke der Stadt gönnte, zeigt, wie beeindruckt der deutsche Dichter und Naturforscher war. Goethe war auf dem Rückweg von dem später als „Kampagne in Frankreich" literarisch verarbeiteten Feldzug seines Dienstherren Herzog Carl August von Sachsen-Weimar-Eisenach gegen das jakobinische Frankreich. Sein erster Eindruck: „Wer Luxemburg nicht gesehen hat, wird sich keine Vorstellung von diesem an- und übereinander gefügten Kriegsgebäude machen." Goethe war mehr Beobachter denn Kämpfer, er gab keinen einzigen Schuss im Feldzug ab. Dennoch hinterließ das Kriegsgeschehen Wunden. Als „Kriegsnachspiel mit Lazaretten, abgerissenen Soldaten" beschreibt er die Szenerie in der Oberstadt. Wo genau er in der Altstadt rund um den Fischmarkt übernachtete, ist nicht ganz klar. Goethe: „Ein hübsches Zimmer, das aus dem engsten Höfchen, wie aus einer Feueresse, doch bei sehr hohen Fenstern genügsames Licht erhielt." Und dann macht der Dichter eine Erfahrung, die noch über 200 Jahre später aktuell ist. Er taucht aus der lebhaften Oberstadt hinab in die beschauliche, erholsame Ruhe der Täler von Alzette und Petruss. Er bestaunt und bewundert das so andere Leben unterhalb der Festung, genießt die Uferlandschaft, zeichnet die Corniche. Auch wenn heute die Corniche eher fotografiert wird, so sind die Besuchswege des Herrn von Goethe immer noch ein guter Tipp.

- Goethe-Gedenkstein, Ecke Rue Sigefroi und Montée de Clausen, 2536 Luxemburg
- ÖPNV: Bus 9, 14, 15, 92, 93, Haltestelle Pfaffenthal, Um Bock

Die Union der Sprachen

26 Luxemburgs buntes Europaviertel

Man braucht schon den einheimischen „Luxemburger Blick", um das Europa-Tor auf Anhieb zu sehen. Volkes Stimme hat die Hochhauszwillinge, die rechts und links die Avenue John F. Kennedy einrahmen, zur Porte de l'Europe gemacht. Wer über die Rote Brücke zum Kirchberg kommt, für den markieren sie wie zwei Wegmarken den Beginn des Europaviertels. Luxemburg ist als einer von drei EU-Standorten neben Brüssel und Straßburg Sitz zahlreicher Institutionen und Organisationen, die sich rund um das Tor angesiedelt haben. So eindrucksvoll auch Bedeutung und Bauten der Behörden sind, richtig spannend wird es für Besucher erst durch die mehr als 10.000 dort Beschäftigten. Da die Mitarbeiter möglichst aus allen 27 Mitgliedsländern der Union stammen sollen, hört man in den Straßen, in den Cafés und Restaurants ein fast babylonisches Sprachengewirr. Schließlich gibt es 24 offizielle Amtssprachen in der EU. Und selbst die fliegenden Händler mit Snacks für die Pausen haben sich auf das bunte Treiben der Nationalitäten eingestellt. Bitte, Danke und Co. scheinen sie in allen Amtssprachen zu beherrschen – lächelnd und mit einer verblüffenden Trefferquote. Man sollte indes nicht nur die Ohren, sondern auch die Augen offen halten beim Gang durchs Europaviertel, in dem fast ein Dutzend EU-Institutionen ihren Sitz haben. Wobei fast am Anfang das „Sitz haben" der Organisationen mit einer Art bildhauerischen Überschrift zusammengefasst wird. Ein 6 Meter hoher, 3 Meter breiter Stuhl markiert vor dem Hauptgebäude den Sitz der Europäischen Investitionsbank. Nur grob aus dem Holz herausgearbeitet, fast rau ragt das Werk der in Deutschland lebenden tschechischen Bildhauerin Magdalena Jetelová in den Himmel, eingebettet in einen kleinen Park. Genau diese Nischen für Kunst, die einen Augenblick des Innehaltens provozieren, kann man bei einem Spaziergang an fast allen EU-Gebäuden entdecken und genießen.

- Europäische Investitionsbank, 100, Boulevard Konrad Adenauer, 2950 Luxemburg, www.fondskirchberg.public.lu
- ÖPNV: Bus 1, 16, Haltestelle Mudam, Tram T1, Haltestelle B.E.I.

ATTENTION

Das Wasser des Théiwesbur

27

Ein Brunnen für die Stadt und die Füße

Wer nach einem sommerlichen Bummel in der Oberstadt eine Erfrischung sucht, der nutzt gern die Kühle entlang der Alzette im Pfaffenthal. Obwohl nur rund 60 Meter tiefer als auf dem Felsen, ist es durch das Wasser deutlich frischer. Eine ganz besondere Erfrischung gibt es in der Nähe des historischen Brunnens der Stadt, dem Théiwesbur. Am Fuß der Kirche St. Mathieu werden müde Besucherbeine wieder fit, in Luxemburgs einzigem öffentlichen Kneippbecken. Dem Wassertreten des Pfarrers Sebastian Kneipp werden zahlreiche wohltuende Effekte zugeschrieben, von Kreislaufanregung bis zur Entspannung. Eingefasst in altes Gemäuer ist dieser Ort mit Blick auf Kirche und Felsen einzigartig. Früher war es eine Waschstelle für die Menschen im Pfaffenthal, sie nutzten das Wasser des Théiwesbur und breiteten ihre Wäsche auf den Uferwiesen zum Trocknen aus. Und die Menschen hier hatten wahrlich viel zu waschen, denn die Unterstadt war klassisch das Domizil der Dienstleister und Handwerker. Noch heute kann man sich dem Charme ihrer alten Häuser nicht entziehen. Schmiede, Müller, Gerber und Färber – am Fuß des Felsens entstand, was in der Oberstadt gebraucht wurde. Auch Wasser. Was die Bedeutung des Théiwesbur für die Stadt erklärt, denn sein Trinkwasser – sowie das einiger anderer Brunnen im Umfeld – wurde in der Oberstadt dringend benötigt und teilweise von Trägern auf den Felsen geschleppt. Übrigens ebenso wie im Bedarfsfall Löschwasser aus der Alzette. Es gab eigens angelegte Wege für die Wasserträger. Blickt man aus dem kneippschen Tretbecken im Tal hinauf in Richtung Oberstadt, dann wird deutlich, wie viel Arbeit damals in die Trinkwasserversorgung der Festungsstadt investiert werden musste.

TIPP

Etwas flussaufwärts kann man am Siechentor wieder die Alzette in Richtung Oberstadt kreuzen.

- Théiwesbur, 1, Rue Vauban, 1124 Luxemburg
- ÖPNV: Bus: 23, Haltestelle Théiwesbur

Himmlische Erleuchtung

28 Europäischer Gerichtshof auf dem Kirchberg

Hinter den Türen zum höchsten europäischen Gericht erwartet Besucher ein Wow-Effekt. Über den 41 Plätzen für Richter und 280 Zuschauerplätzen im zentralen Sitzungssaal erstrahlt die von Stararchitekt Dominique Perrault gestaltete Decke als Kunstobjekt, deren Lichteffekte einfach atemberaubend sind. Unzählige goldene Metallgewebebahnen fangen das Sonnenlicht aus der verglasten Fassade ein und bilden eine Art Himmelszelt. Die Gewebekonstruktion schafft einen angenehm gleichmäßigen Grundton, obwohl durch den wechselnden Lichteinfall sich ständig verändernde Einzelstrahlen für den Eindruck von Lebendigkeit sorgen. Licht, Durchlässigkeit hat der französische Architekt Perrault als „Überschrift" für den Komplex des höchsten Gerichts der Europäischen Union festgelegt: „Justiz muss transparent sein", so sein Credo. In diesem Sinne sind auch die mittlerweile drei Türme des EuGH gestaltet: hell, gläsern und in den Goldtönen des „Lichtzelts" im großen Saal. Nur bei dem neuen mittleren Gebäude wurde die eine Hälfte des schmalen Doppelturms aus Kontrastgründen in Schwarz gehalten. Der EuGH ist ständiger Arbeitsplatz für rund 2300 Mitarbeiter aus allen 27 Mitgliedsstaaten. Er ist oberstes rechtsprechendes Organ der Union und sichert „die Wahrung des Rechts bei der Auslegung und Anwendung der Verträge". Diese Schlüsselrolle für das Leben aller Bürger in der EU zusammen mit der faszinierenden Architektur machen einen Besuch des Gerichts zu einem Muss. Sachkundig geführten Touren kann man sich am Wochenende sowie in den Gerichtsferien anschließen. Sie werden mit einem Vorlauf von rund vier Wochen vom Luxemburg City Tourist Office organisiert (30, Place Guillaume II, 1648 Luxemburg, www.luxembourg-city.com) und geben einen Einblick, welchen Gewinn dieses gemeinsame Oberste Gericht für die rund 450 Millionen Menschen in der Europäischen Union bedeutet. Und weshalb die „himmlische Erleuchtung" der Richter nicht nur architektonisch bedeutend ist.

- Europäischer Gerichtshof, 45, Boulevard Konrad Adenauer, 2950 Luxemburg www.curia.europa.eu
- ÖPNV: Tram T1, Haltestelle Mudam, Bus 6, 16, 18, 21, Haltestelle B.E.I.

Biotop Bergwerk

29 Rumelange: Museum für Leben unter und über Tage

Das Rostrot des oxidierenden Eisenerzes gab dem „Land der Roten Erde“ seinen Namen. Und die Arbeit unter Tage prägte die Menschen im Minett genannten Landesteil Luxemburgs. Das Nationale Bergbaumuseum von Rumelange bietet mit einer Fahrt unter die Erde eine abenteuerliche und eindrucksvolle Exkursion in die Lebenswirklichkeit ganzer Generationen – und gleichzeitig führt sie dem Besucher die Kraft des Lebens vor Augen. Denn rings um das Fördergelände sieht man staunend, mit welcher Kraft die Wunden, die die Wirtschaft Mutter Natur zugefügt hat, verheilen. Ein Bergwerk wird zum Biotop. Wenn man langsam mit dem kleinen Grubenbähnchen immer tiefer in den seit 1970 stillgelegten Walert-Stollen hineinfährt, geht es fast 100 Meter unter die Oberfläche. Der für Besucher faszinierende Ausflug in die kühle Dunkelheit war früher tagtäglicher Arbeitsweg für Tausende Kumpel. Mit immer noch beeindruckenden Maschinen und Techniken holten sie Erz und damit Wohlstand aus der Erde an die Oberfläche. Kundige Führer geben Einblicke in die Welt der Bergleute, beschreiben Abläufe, Maschinen und Technologien. Doch erst in der Atmosphäre des Stollens, tief unter der Erde, wird das Gesamtbild lebendig. Und so erzählen die Tourguides immer wieder vor allem von den Menschen im Bergbau, wie sie vom Leben unter Tage geprägt wurden. Zum Beispiel waren unter Tage die Herkunftsländer der Kumpel bedeutungslos, und noch heute haben im Multikultimix des Minett über die Hälfte der Einwohner Wurzeln in Portugal, Italien oder Spanien. Nach all der Maschinerie unter der Erde sollte man im Anschluss unbedingt das alte Werksgelände erkunden. Überall sieht man, wie sich die Natur ihren Lebensraum zurückholt. Spektakulär ist diese Rückeroberung im Naturschutzgebiet Giele Botter, einem ehemaligen Tagebaugelände, nur einige Kilometer entfernt. Ein Pfad mit Hinweistafeln führt durch die roten Schürfwunden, die von lebendigem Grün immer weiter überdeckt und zum Lebensraum für Reptilien, wilde Orchideen, Vögel und Fledermäuse werden.

- Nationales Bergbaumuseum, 1, Rue des Mines/Rue de la Bruyère, 3714 Rumelange, www.mnm.lu
- Giele Botter, Rue Titelberg, 4678 Differdange
- ÖPNV: Bus 12 ab Esch

Die bewegte Frau

30 Gëlle Fra: Unübersehbar und doch verschwunden

Sie ist eine wahrlich bewegte Frau, die goldene Frau auf Luxemburgs Place de la Constitution. Angefeindet, verdammt, vom Sockel gestoßen, versteckt, verschickt und nun wieder weithin übers Tal strahlend. Auf einem rund 21 Meter hohen Obelisken hält die „Gëlle Fra", wie sie im Alltag der Luxemburger heißt, einen Siegeskranz in die Höhe. Sie ist der eindrucksvolle Mittelpunkt eines mächtigen Mauerdreiecks der Bastion Beck. Dass es unweit der Gëlle Fra hinter den Mauern steil in die Tiefe geht und auch in Richtung Stadt die Gebäude gebührenden Abstand halten, macht die Statue noch eindrucksvoller. „Entflammt" durch passende Sonneneinstrahlung oder abends durch Scheinwerfer leuchtet die Goldene Frau weithin über das Tal der Petruss. Von „ihrer" Place de la Constitution bietet sich ein spannender Ausblick abwärts auf die stufenartigen Ausbauten der Bastion. Geht man ein kleines Stück bis zur Adolphe-Brücke, dann kann man quasi „von außen" in das Festungsensemble mit seinen Mauerringen und Vorsprüngen hineinblicken – spektakulär. Apropos Blick: Dass die von Bildhauer Claus Cito geschaffene Dame eher spärlich bekleidet ist, brachte schon bei der Errichtung 1923 die katholische Kirche auf den Plan. Sorgen um die Moral unschuldiger Frauen wurden vorgebracht. Ursprünglich sollte sie mit dem Siegerkranz an die gefallenen Luxemburger im Ersten Weltkrieg erinnern. Als Nazideutschland im Mai 1940 Luxemburg als Einfallstor gegen Frankreich nutzte, passte die Gëlle Fra nicht ins Weltbild der Besatzer. Sie wurde schlicht per Bagger niedergerissen, zerbrach in mehrere Teile – und verschwand. Ihr Verschwinden nährte über Jahre einen Mythos, befeuerte Spekulationen. Ein Zeitungsredakteur enthüllte dann 1981, dass die Gëlle Fra unter den Tribünen des Fußballstadions zu finden sei. Auch wenn sie 1985 an ihren ehemaligen Standort zurückkehrte, blieb ihr Leben abwechslungsreich. 2012 wurde sie gut verpackt zur Weltausstellung nach Schanghai verschickt – eine bewegte Frau eben.

- Gëlle Fra, Place de la Constitution, 1478 Luxemburg
- ÖPNV: Bus 19, 31, Haltestelle Centre, Cathédrale

Tradition im Erker

31 Am Tiirmschen in Luxemburgs Altstadt

Es dürfte das meistfotografierte Haus in Luxemburgs Altstadt sein. Der Erker, der stolz das Luxemburger Motto „Mir wölle bleiwe wat mir sin“ auf seiner Fassade trägt, ist zu verlockend. Das schmale Haus in den winkligen Gassen der Altstadt um den Fischmarkt zeigt diese Lebenseinstellung nicht nur außen, sondern auch im Inneren des Restaurants wird Wert auf Tradition gelegt – auf die gleiche Art wie das mittelalterliche Gebäude: mit alten Wurzeln, aber stilvoll modernisiert. Das Am Tiirmschen hegt und pflegt Luxemburger Küche auf hohem Niveau, ist wie die gute Stube der Stadt. In gepflegtem Ambiente kann man Klassiker wie die „Bouneschlupp mat Mettwurst“, „Kniddelen gebroden mam Speck a Compôte“ (Gebratene Knödel mit Speck und Apfelmus) oder „Kniddelen mam Speck a Rahm“ (Knödel in Specksauce) genießen. Die Luxemburger Knödel erinnern an Gnocchi, sind jedoch aus Weizenmehl, Eiern und Milch. Sterneköchin Léa Linster erklärte einmal schmunzelnd die Liebe der Luxemburger zu deftig-gehaltvollen Gerichten mit einer Episode der Geschichte. Die Festung sei nie durch Kanonen, aber einmal 1684 durch Hunger bezwungen worden. „Seitdem liebt man es hier, gut satt zu werden.“ Daher gehören kräftige Würstchen an Wein in Senfsoße mit Kartoffelpüree oder geräucherter Schweinehals mit dicken Bohnen und Speckknödeln (im mainfränkischen Lëtzebuergesch „Judd mat Gardebounen an Speckkniddelen“) auf die Speisekarte. Mit Glück kann man am runden Tisch im Erker die Klassiker genießen. Thema Erker: Das Motto sei keineswegs „abweisend“ gemeint, stellen Luxemburger schnell klar. Vielmehr würden zuvor in den Zeilen des Liedes von 1859 über die neue Eisenbahn ausdrücklich die Nachbarn ins Land eingeladen. Womit man offensichtlich auch heute noch erfolgreich ist: Menschen aus 170 Nationen machen fast 48 Prozent der Bevölkerung des Landes aus. „Mir wölle bleiwe wat mir sin“ – bemerkenswerte Luxemburger Lebensart.

● Am Tiirmschen, 32, Rue de l'eau, 1449 Luxemburg, www.amtiirmschen.lu
● ÖPNV: Bus 19, 31, Haltestelle Centre, Gruef

Mir wölle bleiwe
wat mir sin

Die Meerjungfrau am Grund

32

Melusinas Lieblingsort an der Alzette

Auch nach 1000 Jahren versteht man die Wahl des Lieblingsplatzes. Rund um den Schicksalsort der sagenhaften Meerjungfrau Melusina erstreckt sich einer der schönsten Wandelwege im Ortsteil Grund. Gerade im Sommer, wenn die Oberstadt quasi auf dem Präsentierfelsen der Sonne ausgeliefert ist, ist es im Tal zwischen der leise plätschernden Alzette, kleinen Terrassengärten oder Grünflächen sowie im Schatten der mächtigen Festungsfelsen unglaublich erfrischend. Selbst die Luft wirkt, als hätte man hier unten die Klimaanlage eine Stufe stärker eingestellt. Gegenüber der Abtei Neumünster kann man durch eine Oase der Entspannung und Erholung schlendern. Dieses Idyll scheint schon seit Ewigkeiten zu existieren – und dann sitzt da eine moderne Skulptur der Nixe Melusina, magentafarben, eckig und kantig, aus einem 3-D-Drucker entsprungen. Typisch Luxemburg: Auch hier wurde der gezielte Kontrast zum Stilmittel. Künstler Serge Ecker schuf zum 1050. Gründungstag der Stadt durch Graf Siegfried im Jahr 2013 die Skulptur der Dame mit dem Fischschwanz. Stil und Machart holen die alte Sage in die Neuzeit. Und die ist tragisch. Graf Siegfried verliebte sich damals in Melusina, die sich jedoch bei einer Heirat jeden Samstag als ehegattenfreien und unbeobachteten Tag erbat. Der eifersüchtige Gatte konnte jedoch seine Neugier nicht zügeln. Er sah seine Gattin beim Baden und enthüllte damit ihr Geheimnis: den Fischschwanz. Die ertappte Nixe flüchtete vom Bockfelsen, stürzte sich in die Alzette und ward nie wieder gesehen. Dies sei, so die Mär, an der Stelle geschehen, an der heute die digital erschaffene Wasserfee sitzt. Natürlich gibt es aus den vergangenen Jahrhunderten zahlreiche Geschichten um Melusina, die die Menschen am Ufer beobachtet. Was sie von ihrem Abbild aus dem Kunststoffdrucker hält, ist nicht überliefert.

● Rue Plaetis an der Alzette gegenüber der Abtei Neumünster
● ÖPNV: Bus 14, 15, Haltestelle Clausen, Rumm

Die Hektik der Hügel

33 Ahn: Der sanfte Charme eines Winzerdörfchens

Hier ist alles so herrlich unaufgeregt – rund um Ahn, eines der kleinsten Winzerdörfchen entlang der Luxemburger Mosel. Der Ort mit seinen knapp über 200 Einwohnern wirkt ähnlich „hektisch" wie das sanfte Auf und Ab der Hügel ringsum. An deren Hängen sieht man so weit das Auge reicht Weinstöcke – ruhig und gelassen werden die Trauben hier mit der Kraft der Sonne verwöhnt. Es ist ein Idyll, in dem kleine private Winzer aufblühen können. Mit guten Ideen und Leidenschaft gehen sie zu Werke – manchmal modern, manchmal in alter Tradition der Familie, mal mit alten Rebsorten, mal mit zeitgenössischen neuen Trauben. In Ahn kann man alles auf kleinstem Raum entdecken. Wobei man zum Einstieg genau das Gegenteil machen sollte, nämlich einen ausgedehnten Spaziergang in die Weite der Weinberge. Ein ausgeschilderter Weg durch die Weinberge rund um das Dörfchen (mit circa 5 Kilometern etwas über 90 Minuten lang) ist die optimale Einstimmung. Von den Anhöhen Koeppebierg und Palmberg kann man herrliche Blicke auf das Moseltal genießen. Unterwegs fesseln skurrile Muschelkalkfelsen, wilde Orchideenwiesen oder sattgrüne Buchsbäume das Auge. Nach der Runde ist das authentische Winzerdörfchen Ahn mit seinen malerischen Gassen und den alten, liebevoll gepflegten Winzerhäusern ein ideales Ziel für hungrige und durstige Wanderer. Denn hier gibt es reichlich Regionales zu schlemmen. Man hat fast die Qual der Wahl, bei welchem Winzer man einkehren möchte – je nach Jahreszeit empfiehlt es sich, eine Weinprobe vorher telefonisch zu reservieren. Vielleicht auf der Panoramaterrasse der Winery von Jeff Konsbrück, um dort mit Blick auf die Rebhügel dessen nachhaltig angebaute Weine zu kosten. Aber auch auch seine Nachbarn laden ein zu einem Nachmittag bei Pinot Gris, Riesling, Auxerrois oder Elbling, zusammen mit kleinen Leckereien oder typischen Gerichten aus der Region – in Ahn lässt es sich gut glücklich sein.

- Winery Jeff Konsbrück, 35, Rue de la Résistance, 5401 Ahn
www.winery-jeffkonsbruck.lu
- ÖPNV: Bus 150 ab Luxemburg-Stadt

Der alte Glamour lebt

34 Die goldenen Zwanziger in Escher Architektur

Geldmangel hat manchmal auch sein Gutes. Als die Stahlindustrie ihre Kraft einbüßte, fehlte schlicht das Geld, um in Esch-sur-Alzette den alten Hausbestand für die Betonbausünden der 1970er-Jahre abzureißen. Und so ist Luxemburgs zweitgrößte Stadt heute ein belebtes Freilichtmuseum mit einer Vielzahl von Gebäuden, durch die Stahlbarone der Gründerzeit sowie die Wirtschaftsmetropole ihre Macht und Bedeutung mithilfe kunstvoller Architektur dokumentierten. Art déco, Jugendstil, Art nouveau, Historismus, Modernismus – die Baustile der glamourösen 1900er- bis 1930er-Jahre lassen sich hier auf engem Raum in beeindruckender Vielfalt entdecken. Hinzu kommen mannigfaltige Anleihen bei historischen Baustilen, und diese verfehlen auch hundert Jahre später ihre Wirkung auf die Menschen nicht. Man steht und staunt. Selbst zweigeschossige einfache Bürgerhäuser aus dem 1920er-Jahren zeigen, wie man Wohlstand und Kultur durch Architektur nach außen demonstrieren wollte. Naturgemäß eindrucksvoller ist das mächtige Art-déco-Gebäude des ehemaligen Hôtel du Parc. Fast überwältigend wirkt die Zahl der Gestaltungsideen, von kleinen Stuckverzierungen bis hin zum von vier Säulen getragenen Hauptbalkon. Ein Stück weiter wartet das markante Sichel-Haus, das beispielsweisedurch zwei Ecktürme und einen Dachreiter in deren Mitte bestimmt wird. Die ganze Fassade zeigt mannigfaltige Motive aus der Arbeitswelt des Bergbaus, der damals die Grundlage des Reichtums der Region bildete. Wieder eine Ecke weiter kann man mit floralen Motiven oder Pfauenbildern, fließenden Linien und üppigen Ornamenten die Merkmale des Jugendstils quasi in ihrer natürlichen Umgebung betrachten. Um den Überblick bei der Entdeckungsreise zu behalten, sollte man sich den Folder „Architektur-Rundgang" bei visitminett.lu herunterladen. Er hilft, in der Fülle der Eindrücke auch die kleinen liebevollen Details zu finden, die das Herz strahlen lassen.

● Esch City Tourist Office, Place de l'Hôtel de Ville, 4138 Esch-sur-Alzette
www.visitminett.lu/de

1907
M G

Durch den Kamin

35

Der Feinkosttempel und die Rieslingpastete

Seit fast 100 Jahren ist die Idee in aller Munde. Als der Urgroßvater des jetzigen Firmenchefs 1928 über einen Leckerbissen zum Wein grübelte, ahnte Konditormeister Pierre Kaempff wohl kaum, dass er einen Klassiker der Luxemburger Küche kreieren würde: die Rieslingpastete oder „Rieslingspaschtéit". Damit legte er zudem den Grundstein für den Feinkosttempel Kaempff-Kohler am Knuedler, der seit Jahrzehnten eine Topadresse für Gourmets und Genießer in Luxemburgs Oberstadt ist. Was etwas heißen will, in einem Land mit der höchsten Dichte an Sternerestaurants in Europa. Dabei klingt das Grundrezept für die „Rieslingspaschtéit" damals wie heute eigentlich simpel: Eine Mischung aus Kalb- und Schweinefleisch mit ausgesuchten Gewürzen wird 48 Stunden in heimischem Riesling mariniert. Dann wird sie in einer Teighülle ausgebacken – was dem Erfinder vor fast hundert Jahren zunächst Probleme bereitete, weil die Umhüllung immer wieder unschön aufplatzte. Erst ein „Kamin" aus Teig löste das Problem – und zaubert seitdem ein Genießerlächeln auf die Lippen der Schmecklecker in Luxemburg. Von außen ein liebevoller Auftritt der Gründerzeit ist im Inneren des Feinkosttempels alles auf die Produkte ausgerichtet. Von Spezialitäten aus aller Welt über wundervolle Macarons und ein beeindruckendes Weinsortiment – das berühmte Wasser, das einem sprichwörtlich im Munde zusammenläuft, wird fast zum Springbrunnen. Ein Erlebnis der besonderen Art: das Käseangebot. Über 150 teils ausgefallene Sorten locken mit ihren Aromen, an denen man sich zusammen mit dem hausgebackenen Brot und Wein erfreuen sollte. An Bistrotischen an den Fenstern in der Passage vom Knuedler zur Rue de Curé und Place des Armes oder auf der Terrasse kann man die Köstlichkeiten genießen, die man sich an den Theken zusammengestellt hat. Zudem gibt es ein kleines Tagesgericht, um sich für den weiteren Weg durch die Oberstadt zu stärken.

TIPP

Auf der Suche nach kleinen Leckereien als Reisemitbringsel wird man hier leicht fündig.

- Kaempff-Kohler, 10, Rue du Curé, 1368 Luxemburg, www.kaempff-kohler.lu
- ÖPNV: Tram, Haltestelle Hamilius, Bus 19, 31, Haltestelle Centre, Gruef

KAEMPFF-KOHLER
TWG

Luxemburgs Schauplatz

36 Der Knuedler in der Altstadt

Im polyglotten Luxemburg, wo die Menschen neben dem heimischen Lëtzebuergesch noch mit den offiziellen Amtssprachen Deutsch und Französisch sowie Englisch als Fremdsprache aufwachsen, gibt es so manche Verwirrung um die Bezeichnung von Orten. Aber bei einem dürfte sich das „sprachliche Babylon“ quasi per Volksabstimmung vereinheitlicht haben: Man trifft sich kaum am Wilhelmsplatz, eher am Place Guillaume II., aber zumeist trifft man sich am Knuedler. Er ist der große, zentrale Platz der Stadt, hier ist Raum für allerlei Aktivitäten und Festivitäten. Auf dem Knuedler gibt es beispielsweise mittwochs und samstags den größten Wochenmarkt – für die Schmecklecker der Hauptstadt ein wichtiger Anlaufort, um sich mit frischen Produkten und Delikatessen aus der Region zu versorgen. Den Teil der „offiziellen Bauten“ des Platzes übernehmen das neoklassizistische Rathaus mit den zwei Löwenfiguren am Eingang und eine fast 10 Meter hohe Reiterstatue des – und nun wird es wieder luxemburgisch verwirrend – niederländischen Königs Wilhelm II (1792–1849). Der war gleichzeitig auch Großherzog von Luxemburg und in der Adelssprache Französisch eben Guillaume II. Da kann man das Alltagskürzel Knuedler nachvollziehen, und es hätte ohnehin die älteren Rechte. Denn fast 600 Jahre vor Wilhelm/Guillaume betrieben hier Franziskaner eine Kirche und ein Kloster. Der Knoten (Knued), der deren Kutten zusammenhielt, ist Namensgeber des Platzes. Von den Terrassen der anliegenden Cafés und Restaurants kann man in Ruhe das Treiben beobachten. Einen unschlagbaren Überblick bietet die Dachterrasse des „Beet“. Das vegane Restaurant gleich neben dem Tourismusbüro hat sich lokale, saisonale und nachhaltige Küche auf die Fahne geschrieben. Und aus der ersten Etage kann man etwas „abgehoben“ in aller Ruhe das Leben auf dem Knuedler beobachten.

● Restaurant Beet, 26, Place Guillaume II, 1648 Luxemburg, www.beet.lu
● ÖPNV: Bus 19, 31, Haltestelle Centre, Gruef

Schönheitskönigin

37

Esch an der Sauer in Europa prämiert

Es hat etwas von einem Edelstein in einer Fassung: Esch an der Sauer, 2021 zu einem der 20 schönsten Dörfer Europas gewählt. Denn blickt man von den angrenzenden Höhen der Ardennen hinunter ins Tal der Sauer, dann liegt der malerische Flecken in einer pittoresken Schleife des Flüsschens, fast komplett umschlungen vom ruhig dahinplätschernden Wasser der Sauer. Häuser und Hügel im sanft pastellfarbenen Licht der sommerlichen Abendsonne, das leichte Glitzern des Flusses – wer Esch an der Sauer besucht, kann seinen ersten Wow-Moment schon beim ersten Blick genießen. Esch-sur-Sûre, wie es im polyglotten Luxemburg auch in deutschsprachigen Beschreibungen genannt wird, ist einer dieser Ardennenflecken, an denen die Zeit irgendwie vorbeigegangen zu sein scheint. Ohne große wirtschaftliche oder politische Bedeutung konnte das Dorf mit seinen rund 2500 Bewohnern seine Rolle im Abseits genießen. Es gab keine Zwänge zu hektischen Anpassungen. Und so ist ein Besuch in Esch eine Art Zeitreise an einen Ort, der zeigt, wie relativ Zeit doch sein kann. E-Automobile rollen über jahrhundertealtes Kopfsteinpflaster an liebevoll gepflegten Häusern und Fassaden vorbei, den Zeugen vergangener Epochen. Und als Krönung sozusagen werden sie überragt von der ältesten Burg Luxemburgs. Die abends herrlich illuminierten Gemäuer gehen zurück auf Karl den Großen und das Jahr 774. Die Burg, aber auch das rund 200 Jahre später entstandene Dorf sind alljährlich bei einer Nacht der Legenden Schauplatz und Bühne für ein vielfältig unterhaltsames Spektakel. Doch dieses bunte Treiben überdeckt etwas den eigentlichen Charme eines Dörfchens, das die Ruhe der Jahrhunderte ausstrahlt. Naturstein auf den Straßen, malerische Fassaden in engen, verwinkelten Gassen, gelegen in einer unfassbar romantischen Hügellandschaft. Esch und seine Sauer haben den Titel eines der schönsten Dörfer Europas redlich verdient.

- Burg Esch, Rue de Lultzhausen, 9650 Esch-sur-Sûre, www.visit-eislek.lu
- ÖPNV: Bus 536 ab Ettelbrück

Bücher am Hochofen

38 Belval: Universitätsbibliothek im Stahlwerk

Sie ist das Filetstück auf einer Feinschmeckerplatte. Die Bibliothek auf dem einzigartigen Universitätscampus von Belval ist aus vielen Blickwinkeln eine Attraktion, geschaffen von Luxemburgs Stararchitekten François Valentiny. Mitten zwischen den Industriedenkmälern eines ehemaligen Stahlwerks bei Esch-sur-Alzette scheint die 110 Meter lange Halle mit ihren hellen Kunststoffflächen wortwörtlich aus den Relikten der rostigen Schwerindustrie herauszuwachsen. Rohrleitungen umfassen die Fassade, im Hintergrund ragen zwei Hochöfen eindrucksvoll gen Himmel, im Vordergrund stehen Bänke an begrünten Wasserbecken. Der Kontrast wird zur Kunst, nicht künstlich. Stöbernd und staunend können Besucher hier fantasievolle Architektur entdecken. Unter der teils transparenten, teils bedruckten Außenhaut tragen die Stahlstrukturen der alten Möllerei die 2017 eröffnete Unibibliothek. Für die von außen eher undurchsichtigen Polygone der Fassade wurde das Oberflächenglas mit einem Muster bedruckt, das typische Ablagerungen aus der Zeit als Stahlwerk aufgreift. Wobei die Bibliothek viel mehr sein soll: Luxemburg Learning Center (LLC) ist als Name auch Programm – zugänglich für jedermann auf der Suche nach Wissen und Lernmöglichkeiten sowie für interessierte Besucher. Dieses Öffnungskonzept spiegelt sich auch im Innenraum wider. Kleine, bunte Inseln, ruhige Ecken und skurrile Emporen unterstreichen mehr die uneingeschränkte Weite der ehemaligen Lagerhalle, als dass sie aufteilen. Lediglich die schubladenartig aus der Fassade herausragenden Studierzimmer sind kleine Brüche im optisch offenen Konzept. Übrigens sind auch die Cafeteria und der Garten zum Entspannen Teil dieses Konzepts – und echte Glücksorte. Mit dem Wandel der ehemaligen Möllerei zur öffentlichen Unibibliothek soll auch der Weg der Wissenschaft aus dem Elfenbeinturm heraus dargestellt werden.

TIPP

Unbedingt Zeit für einen Bummel über das gesamte Belval-Gelände einplanen und die Kamera nicht vergessen.

- Universitätsbibliothek Belval, 7, Ënnert den Héichiewen, 4362 Esch-sur-Alzette
- ÖPNV: Bus 3 ab Bahnhof Esch-sur-Alzette, Haltestelle Belval Université

Rockhal

Komm auf die Schaukel

39 Rund um Wellenstein durch die Weinberge

Man braucht nicht viel, um glücklich zu sein. In den Weinbergen rund um Wellenstein ist die Hollywoodschaukel vom Scheierbierg ein wahrer Glücksort: Etwas zurückgezogen vom Treiben an der Mosel kann man sanft schaukelnd eine grandiose Aussicht genießen und das „Abhängen" durch ein kleines Picknick mit Brot, Käse und Wein veredeln. Der Blick ist so pittoresk und vielfältig, dass der Speicherplatz in Kopf und Kamera stark belastet wird. Zwar kann man die Schaukel mit dem Auto sowie einigen Metern Fußmarsch erreichen, aber noch intensiver wird der Genuss, wenn man sie auf dem Rundweg Wellenstein sozusagen als Halbzeitpause ansteuert. Dann hat man ihn sich sozusagen etwas verdient. Denn neben wunderschönen Wegen durch die Weinberge wartet die Wandertour mit zwei winzigen Winzerdörfern auf, jedes eine Art Freilichtmuseum. In Wellenstein spürt man die Liebe und Sorgfalt, mit der beispielsweise in den engen Gassen rund um den Dorfplatz die typisch verwinkelten Winzerhäuser stilecht restauriert wurden. Je nach Wohlstand der jeweiligen Winzerfamilie wurden früher Fensterlaibungen, Fassaden und vor allem auch die Eingangstüren aufwendig gestaltet und verziert. Jedes Gebäude ist somit ein Unikat und der Dorfbummel wird zu einer Entdeckungsreise. Dorf zwei der Tour, Schwebsange an der Mosel, zeigt einen anderen Typ Winzerhäuser im Ortskern. Hier hat der Fluss Spuren hinterlassen. Steinerne Treppenstufen mit reich verzierten gusseisernen Geländern an den Aufgängen zu den nach oben verlegten Erdgeschossen belegen den Kampf gegen das alljährliche Hochwasser. In einem kleinen Park kann man einen Weinbrunnen und eine Weinpresse aus dem 13. Jahrhundert bestaunen. Oder man wirft kurz einen Blick in eine „andere Welt" und besucht den Jachthafen am parkähnlichen Moselufer. Zweieinhalb Stunden würde man für den rund 7 Kilometer langen Spaziergang brauchen – wenn man denn nicht immer wieder staunend stehen bleiben würde.

TIPP

Unterwegs einfach mal bei den Kellereien am Wegesrand einkehren und „pröbeln".

● Hollywoodschaukel Scheierbierg, an der CR151, 5470 Schengen

Meisterin der Madeleines

40

Die Boutique der Sterneköchin Léa Linster

Sie ist eine Institution in Sachen Kochkunst: Léa Linster. Sie ist nicht nur in Deutschland durch ihre unzähligen Fernsehauftritte, Bücher und Zeitungsbeiträge bekannt, sondern auch bei den Feinschmeckern in ihrer Luxemburger Heimat und unter den Spitzenköchen der Welt. Ihr gleichnamiges Restaurant in Frisingen (Frisange), rund 15 Kilometer südlich der Stadt Luxemburg, besitzt seit rund 35 Jahren den begehrten Michelin-Stern – in der Gastronomie eine Ära. Und als bisher einzige Frau gewann sie 1989 den Bocuse d'Or. Ihr Markenzeichen: ein herzliches, leicht schelmisches Lächeln. Und mit dieser Leichtigkeit setzt die Mittsechzigerin ihre Akzente. „Wein muss rein" oder „Karotten lieben Butter" – bei den Titeln ihrer Bücher scheint im Hintergrund förmlich das Lächeln der Meisterin durch. Unaufgeregt, fast schlicht ist auch ihr Ladengeschäft in Luxemburgs Oberstadt. Die beiden schmalen Schaufenster sind nicht überladen dekoriert, auch der Name eher klein: Léa Linster Delicatessen Boutique. Aber im Inneren wartet ein Fest für Feinschmecker. Ausgesuchte Köstlichkeiten, wohin das Auge blickt, der Gaumen kann kaum folgen, die eigene Nase schnüffelt plötzlich wie die eines Jagdhundes. Ein Hit: duftender frischer Kaffee mit sanfter Crema und dazu Madeleines – aber was für welche! Léa Linster haben es die kleinen Küchlein in der Form von Jakobsmuscheln angetan. Würde sich jemand in ihrer Gegenwart erdreisten, Madeleines als einfaches, gängiges Feingebäck zu bezeichnen, die Sterneköchin könnte jederzeit dem Zweifler „den Mund stopfen": Ein Biss in ihre Kreationen zaubert jedem Skeptiker ein wohliges Lächeln ins Gesicht. In Kombination mit Kaffee oder auch einem Glas Luxemburger Crémant sind Léa Linsters Madeleines ein Erlebnis. Einen Teil des „Geheimnisses" gibt sie preis: Mandelmehl und besonders aromatische Nussbutter. Sie will das Rezept so schlicht und einfach halten, dass das Produkt durch die Qualität der Zutaten strahlen kann – so strahlen wie ihre Kunden.

TIPP

Ein Kochseminar bei Léa Linster – ein Tag Spitzengastronomie mit Tipps, Tricks und viel Humor.

● Delicatessen Boutique Léa Linster, 4, Rue de l'Eau, 1449 Luxemburg, Restaurant Léa Linster, 17, Route de Luxembourg, 5752 Frisingen, lealinster.lu

Romantik wie gemalt

41

Die sanften Seiten des Müllerthals

Sie sind die sanften Highlights im Müllerthal. Leise romantisch rieselt an der Kalktuffquelle im Tal der Schwarzen Ernz das Wasser in kleinen Tropfenkaskaden über einen Felsabriss. Nicht weit entfernt zeigt der Schiessentümpel sein Postkartengesicht. Ruhig, fast lieblich fangen dort drei kleine Wasserfälle das Auge ein. Im Reigen der zuweilen etwas abenteuerlichen Wanderwege im Müllerthal bieten die beiden „Wasserspiele" eine kleine Auszeit, mehr Spaziergang als Wanderung. Dazu passen auch die Wege durch die herrlich kraftvolle Natur der Luxemburger Schweiz. Denn es gibt neben den knapp 12 Kilometer langen Rundwegen W7 und W8, die im großen Bogen zu Tümpel und Quelle führen, auch einfache Abkürzungen. Ein breiter, bequemer Holzsteg über den Waldboden macht die rund 600 Meter vom Parkplatz zur Kalktuffquelle sogar straßenschuhtauglich. Glasklares, aber sehr kalkhaltiges Wasser rieselt in unzähligen Tropfenfäden in ein kleines Becken vor dem Quellfelsen. Vielfarbige Farne, Moose und Algen sorgen zusammen mit skurrilen Kalkablagerungen und dem immerwährenden Glitzern der Wassertropfen für ein beeindruckendes Bild. Man spürt förmlich die fragile Schönheit dieses sensiblen Biotops. Folgt man den Wanderwegen und nimmt nicht die Abkürzung zum nächsten Parkplatz, dann ist das zweite Postkartenmotiv rund eine Stunde Spaziergang entfernt. Die drei kleinen Wasserfälle, mit denen die Schwarze Ernz von einer Felskante in einen kleinen Teich stürzt, sind mehr beschaulich als beeindruckend – und passen gerade deshalb so gut ins Bild. Zusammen mit der rund 140 Jahre alten Brücke, die kurz vor der Felskante das kleine Flüsschen kreuzt, und deren leicht verwittertem Holzgeländer sind die drei Wasserstürze schon fast ein Klischee in Sachen Romantik. Ein Bild wie – sprichwörtlich – gemalt.

TIPP

An Backtagen gibt es im nahe gelegenen Tourismuscenter Heringer Mühle frisches, duftendes Mühlenbrot.

- Schiessentümpel: Parkplatz an der Straße CR121 zwischen Müllerthal und der Kreuzung an der Breidweiler Brücke, ab dort ca. 500 Meter
- Kalktuffquelle: Parkplatz Holzsteg Kalktuffquelle an der CR121, 6238 Consdorf
- Heringer Mühle, Rue des Moulins, 6245 Mullerthal

www.mullerthal.lu

Flanieren statt paradieren

42

Place d'Armes ist Luxemburgs Vorzeigeterrasse

Wo früher Soldaten paradierten, da flanieren heute Luxemburger und Gäste. Den Place d'Armes in der Oberstadt kann man mit Fug und Recht als Luxemburgs „erste Terrasse" bezeichnen. Hier trifft man sich, hier sitzt man in einem der Straßencafés oder Restaurants, hier genießt man diese ganz spezielle Mischung aus Ruhe und Trubel, wie sie nur zentrale Plätze bieten. Beinahe schräg gegenüber vom repräsentativen Knuedler wirkt der ehemalige Paradeplatz heute fast ein wenig anarchisch. Insbesondere in der warmen Jahreszeit rankt sich die Außengastronomie von den stattlichen Bauten am Rand bis weit in den Platz hinein. Straßenmusiker, Gaukler, Pantomimen, Maler und viele andere Kleinkünstler schaffen eine fast mediterrane Atmosphäre: unaufgeregt, bunt, genießerisch. In Reih und Glied, wie zu seiner Ursprungszeit, geht hier nichts mehr. Der „D'Pless d'Arem", wie er im moselfränkischen Lëtzebuergesch heißt, diente in der französischen Herrschaft unter Ludwig XIV. als Exerzierplatz. Die in dieser Zeit gepflanzten Linden ringsum sollten den Soldaten damals Schatten spenden – was heute auch Zivilisten sehr zu schätzen wissen. Dominierendes Gebäude ist das Stadtpalais. Repräsentativ im Stil bildet das Cercle Municipal den östlichen Abschluss und den Anker für eine Sichtachse des Platzes. An dessen anderem Ende sorgen in einem Pavillon im Sommer häufig Konzerte von Jazz bis Klassik für genau das entspannte Ambiente, das aus einem Platz einen Treffpunkt macht. Und in der Gastronomie ringsum kann man zudem eine bemerkenswerte Vielfalt an Gaumenfreuden finden – oder bei einem Kaffee, Wein oder Bier einfach nur das Treiben beobachten. Ein Paradeplatz zum Genießen.

TIPP

Im Sommer ist alle 14 Tage am Samstagvormittag ein Flohmarkt auf dem Platz.

● Place d'Armes, 1368 Luxemburg

● ÖPNV: Tram T1, Haltestelle Hamilius, Bus 19, 31, Haltestelle Centre, Gruef

cityshopping

Stadt, Land, Fluss

43 Viele gute Gründe für Grund

Es gibt viele gute Gründe für einen Bummel durch Grund. Stadtnah: Vom Heilig-Geist-Plateau oben auf dem Felsen ist man in 25 Sekunden per Lift über 40 Meter tiefer in der Unterstadt von Grund. Ländlich: Wo früher Gerber, Weber, Müller, Fuhrleute, Bauern und Brauer quasi den Maschinenraum der Festung bildeten, haben sich über die Jahrhunderte kleine, fast dörfliche Strukturen erhalten. Fluss: Die Alzette gibt auf ihre Art das Tempo unten im Tal vor – genüsslich plätschernd statt pulsierend. Dieser sanfte Charme hat Grund zunehmend auch für Einheimische attraktiv gemacht, und hier zu wohnen ist angesagt. Kein Wunder, die Lebensqualität ist bestechend. Postkartenmotive ringsum, und per Standseilbahn ist man flugs auf dem Kirchberg mit den Dependancen der internationalen Wirtschaft und Finanzindustrie. Dieser Kapitalstrom lässt sich auch an den aufwendig restaurierten alten Gebäuden ablesen. Und so ist ein Bummel durch Grund eine Genießertour. Besucher sollten unbedingt ihre Lizenz zum Stöbern nutzen. Quasi hinter jeder sprichwörtlichen Ecke warten wunderschöne Perspektiven. Man muss nur hinschauen. Im Schatten der Festungsmauern beispielsweise gibt es gegenüber der Abtei Neumünster terrassenartige private Kleingärten, die Klostergärten. Dort, im Windschatten der Mauern und begünstigt durch die wärmespeichernden Wälle wachsen südländische Pflanzen in einer verblüffenden Vielfalt. Ums Eck eine andere Facette: Die kleine Alzette-Brücke Pont du Grund liegt kurz hinter der Biegung des Flüsschens. Schon von der Brücke ist der Blick über Fluss und Stadt großartig. Folgt man jedoch einer kleinen Treppe und geht einige Schritte am Ufer entlang, dann erhält man die „Dreifaltigkeit“ auf einen Blick: den sanften Fluss, die romantische Brücke und den imposanten Festungsfelsen. Weitere Stationen bei einem Bummel könnten das Café an der Abtei Neumünster oder ein Glas Wein in einer der kleinen Kneipen am Ufer sein. Wie gesagt: Grund ist ein guter Grund, neugierig zu sein.

TIPP

Auf dem Weg hinab zu Fuß über die kleinen Straßen lassen sich am Wegesrand viele Kleinode entdecken.

- Pont du Grund, 7, Rue Münster, 2160 Luxemburg
- ÖPNV: Bus 5, 10, 23, Haltestelle Grund, Stadgronn-Bréck

Die Kraft der Drei Eicheln

44

Fort Thüngen ist mehr als nur ein Fotomotiv

Sehen und gesehen werden – dies gilt nicht nur für Feste, es gilt auch für Festungen. Weite Aussicht, um rechtzeitig Bedrohungen zu erkennen, und weithin sichtbar, um abzuschrecken. Die Türme des Forts Drei Eicheln prägen den Blick auf den Kirchberg und man hat von der Festung einen phänomenalen Blick über die Unterstadt Pfaffenthal, das Tal der Alzette sowie die gegenüberliegende Altstadt auf dem Bockfelsen. Man blickt quasi vom Nachbarbalkon auf die Corniche, den sogenannten schönsten Balkon Europas. Die im Sonnenlicht golden strahlenden Eicheln auf den Dächern der drei massigen Pulvertürme sollten eigentlich Dauerhaftigkeit symbolisieren, doch sie wurden zum Begriff. Man sagt „Dräi Eechelen“ und kaum „Fort Thüngen“. Dessen auch heute noch beeindruckende Bauten bieten einen faszinierenden Einblick, wie um das 17. Jahrhundert Interessen im Wortsinne „gefestigt“ wurden. Gräben, Schanzen, unterirdische Galerien und Gänge, massive Mauern, Schießscharten – alles vor Jahrhunderten wohl durchdacht und ausgefeilt. Die Dauerausstellung im Inneren der Festung zeigt unzählige Exponate: von Kanonen und Musketen bis hin zu Ausrüstungsgegenständen, Dokumenten, Modellen und Bildern. Die Geschichte der Festung Luxemburg und des Lebens in einer Festungsstadt wird hier umfassend dargestellt, und zwar nicht nur unter militärischen Aspekten. Luxemburg war bis zur Schleifung um 1867 über Jahrhunderte zwar ein eindrucksvolles, europaweit bekanntes Bollwerk, aber eben auch Heimat für ganz normale Menschen. Heute sind die Drei Eicheln ein beliebtes Fotomotiv, denn je nach Perspektive scheinen die Glasfassaden des benachbarten Mudam, dem Museum für zeitgenössische Kunst, mit den Türmen zu verschmelzen.

TIPP

Die einschüchternde Wirkung der Festung kann man von ihren terrassenartigen Ausläufern entdecken.

● Fort Thüngen, 5, Park Dräi Eechelen, 1499 Luxemburg, www.m3e.lu
● ÖPNV: Tram T1, Bus 12, 32, Haltestelle Mudam

Weinberg mit Bergwerk

45 „Schengens Esprit" reift im Stollen

Was für eine Steilvorlage! Dass Winzer Henri Ruppert einen Crémant „Esprit de Schengen" nennt, prickelt vor Symbolik wie der Schaumwein im Glas. Von dessen Weingut blickt man hangabwärts geradewegs auf den Platz, an dem die Schlagbäume an Europas Grenzen abgeschafft wurden. Auf den Ort, dessen Name für freien Reise- und Warenverkehr in eben diesem Schengenraum steht. Und nicht genug der Symbolik. Mit der Idee „Mosel meets Minette" verbindet Ruppert für seinen Crémant den Weinberg mit dem Bergwerk, denn hier begegnen sich malerische Weinberge an der Mosel auf der einen Seite und dunkle Eisenerzstollen im Land der Roten Erde auf der anderen. Gegensätzlicher könnten diese zwei Luxemburger Kulturlandschaften nicht sein, und doch funktioniert die Zusammenarbeit einwandfrei. Vor einigen Jahren kam Ruppert die Idee, im rund 45 Autominuten entfernten Lasauvage einen alten Eisenerzstollen für seinen Crémant zu nutzen. Beim dortigen Bergbaumuseum wurde er fündig. In einem Seitenarm eines Stollens wurde dann zum besseren Handling ein Betonboden gegossen – und fertig war das Weinbergwerk. Mittlerweile lagert und reift hier bei konstant zwölf Grad in fast 14.000 Flaschen der Crémant. Darüber hinaus sei das Crémantlager mit seinen Rüttelpulten im Bergwerk auch ein touristischer Anziehungspunkt, da die Museumsbahn künftig dort vorbeifahren werde, so Ruppert. Dass das „Kippchen" oder der „Schampes", wie man in Luxemburg gern zum Glas Crémant sagt, aus dem Bergwerk wahrlich nicht unterirdisch schmeckt, davon kann man sich auf dem Schengener Markusberg überzeugen. Dort stehen die 20 Hektar Rebstöcke rund um die Kellerei Henri Ruppert, aus denen der Winzer neben seinen Crémants vor allem seine bekannten Pinot Blanc Barrique sowie Pinot Noir Barrique keltert. Sie alle kann man in der Kellerei in aller Ruhe verkosten und bei einem kleinen Snack oder Abendessen den „Esprit de Schengen" mit Blick auf den Ort genießen.

● Domaine Henri Ruppert, 1, Um Markusberg, 5445 Schengen
www.domaine-ruppert.lu
● ÖPNV: Bus 315 ab Luxemburg-Stadt

Die grüne Oase

46 Die kleinen Pausen im Tal der Petruss

Das Tal der Petruss ist so etwas wie die grüne Oase, der kleine Garten Luxemburgs. Hier genießt man die Natur, joggt, radelt, spaziert oder sitzt einfach nur auf einer Bank, genießt die Sonne und eine beeindruckende Kulisse. Denn wer hat schon 40 Meter hohe Festungsmauern in seinem Garten? Oder eine 160 Jahre alte Steinbrücke, die in 24 großen Bögen das Tal überspannt?

Unscheinbar erscheint dagegen die schmale Petruss (Péitrusse), die dem kleinen Tal zwischen Oberstadt und dem Bahnhofsviertel den Namen gab. Offiziell darf sie sich Fluss nennen, aber Bach dürfte auch genügen. Es ist schwierig, sich vorzustellen, dass es dieser kleine Wasserlauf war, der im Laufe der Jahrtausende das tiefe Tal aus dem Stein herausgewaschen hat. Gerade auf den Abschnitten, die noch nicht wieder renaturiert wurden und die Petruss in einen steinernen Kanal einzwängen, wirkt der rund 13 Kilometer lange „Fluss" eher zierlich. Bemerkenswert, wie sich das Bild nur einige Steinwürfe weiter flussaufwärts verändert, wo kurz vor der Heilig-Geist-Zitadelle an der Einmündung in die Alzette der Petruss ein natürliches Bett gelassen wurde.

Auch künstlich eingebettet ist die Petruss für ihr Tal eine Art flüssiger roter Faden. Zwischen Wasser und Felswänden hat sich ein eigener Lebensraum entwickelt: modern, flippig im Skatepark Péitrusse, entspannt familiär beim Minigolf, sportlich oder gechillt auf den Uferwiesen. Die Steilhänge, die Felsen, die Mauern, die Brücken, die kraftvolle Natur – Besucher verstehen schnell, was dieses Kleinod für die Luxemburger bedeutet. Hier genießt die Stadt ihre kleinen Auszeiten.

TIPP

Mit dem Lift vom Heilig-Geist-Plateau kommt man am einfachsten aus der Oberstadt zur Petruss.

- Tal der Petruss, 2, Rue Saint-Quirin, 2327 Luxemburg
- ÖPNV: Bus 23, Haltestelle Stadgronn-Bréck

Wo man gern ein Esel ist

47

Diekirchs eigentümliche Liebe zum Wappentier

Die umgebende Natur hat es sehr gut gemeint mit Diekirch. Da können sich die Einwohner schon mal eine Eselei mit dem Stadtmaskottchen erlauben. Das Grautier ist allerorten präsent in dem 7000 Einwohner zählenden Städtchen. Man kokettiert gern mit allem, was sich um das Tier rankt. So gibt es natürlich einen Dukatenesel auf der Place de la Liberation, außerdem drei „beschwipst" um ein Fass tanzende Grautiere auf dem Eselsbrunnen – aus dem zu manchen Anlässen auch Bier sprudelt –, auf dem Kirchturm einen „Wetteresel" und noch weitere versteckt zwischen den Orgelpfeifen der St.-Laurentius-Kirche aus dem 11. Jahrhundert. Was hinter der Verehrung steckt? In früheren Zeiten waren Esel als Arbeitskräfte in den Hängen der Weinberge unverzichtbare Helfer und Garanten des Wohlstands. Stark, genügsam und trittsicher schleppten die Grauen all das zu Tal, was dann durch die günstige Lage Diekirchs den Handel florieren ließ. Später kam dann die Brauerei zur Kellerei hinzu. „Diekirch" ist einer der bekanntesten Biernamen in Luxemburg, das klassische helle Bier gibt es allerorten. Und noch später lockte Diekirchs Lage wachsende Besucherzahlen in die Stadt der Esel. Eingebettet zwischen die Hochebenen der Ardennen im Norden und die stillen Flusstäler im Westen und Süden mauserte sich Diekirch zu einem Highlight des Luxemburger Tourismus. Der Bummel durch die liebevoll gestaltete Fußgängerzone ist nicht nur eine unterhaltsame „Esel-Entdeckungsreise". Hier sitzt man auch in den Restaurants, Cafés oder Bistrots und betrachtet das beschaulich bunte Treiben. Oft wird Diekirch als Zwischenstation auf dem Weg zu einer Wanderung über die Höhenzüge oder zum Wassersport auf der Sauer genutzt. Heute gibt es übrigens nur noch wenige vierbeinige Grautiere in Diekirch. Einen ortsansässigen Zweibeiner als Esel zu bezeichnen soll – glaubt man den Gerüchten – nur ein freundliches „Danke" zur Folge haben.

TIPP

Schloss Berg, Hauptresidenz des Großherzogs, ist 10 Kilometer entfernt und einen Abstecher wert.

- Fremdenverkehrsamt Diekirch, 3, Place de la Libération, 9255 Diekirch www.visit-diekirch.lu/de
- ÖPNV: Bus 512 ab Ettelbrück

Cocktail mit Aussicht

48 L'Observatoire im Rooftop über der Stadt

So etwas nennt man wohl ein Highlight. Durch die großen Panoramafenster lässt sich aus den luftigen Höhen des achten Stockwerks die Lichterwelt Luxemburgs bestaunen – diese fantastische Kombination von „High and Light" bietet die Rooftop-Bar L'Observatoire. Und natürlich kreative Köstlichkeiten, die die Barkeeper aus den ellenlangen Flaschenbatterien zusammenzaubern. Wer seinen Wortschatz in Sachen Staunen erweitern möchte, sollte sich im Eingangsbereich platzieren. Fast jeder Neuankömmling kommentiert den grandiosen Ausblick in seiner Landessprache – Wow-Effekte à la Babylon. Dass dieses „Observatorium" im Dach des großen Hotels Sofitel Luxembourg Le Grand Ducal liegt, sorgt für umso mehr internationale Bewunderung. Aber es ist auch wirklich beeindruckend, was man aus der luftigen Höhe alles sehen kann: die Oberstadt mit ihren – zur typischen Cocktailstunde – malerisch illuminierten Mauern und Gebäuden, den kleinen Lichtinseln der Kneipen und Restaurants und den alten Brücken über die Petruss oder den romantisch beschaulichen Stadtteil Grund (Gronn) mit der Skyline der Kirchberg-Hochhäuser im Hintergrund. Die Innenansicht der Rooftop-Bar ist stylish: kleine Tische mit zweifarbigen Cocktailstühlen an den Fenstern, eine lange Bar mit den typischen Hockern, ein Fußboden mit stilisierten Straßenzügen von Luxemburg. Ebenfalls ein Augenschmaus: die Cocktails. Selbst die üblichen Klassiker des Mixens kommen so geschmackvoll auf den Tisch, dass man sich fast überwinden muss, die optische Schönheit durch profanes Trinken zu zerstören. Auch wenn dies – wie vieles in Luxemburg – nicht günstig ist, so verspricht eine Cocktailempfehlung vom Bartender viel Freude für Augen und Gaumen.

- L'Observatoire im Sofitel Luxembourg Le Grand Ducal, 40, Boulevard D Avranches, 1160 Luxemburg
- ÖPNV: Bus 29, 120, Haltestelle Verlorenkost, Al Molkerei

Fotomodell mit Laufsteg

49

Städtische Brückenklassiker über die Petruss

Gebaut wurden sie als schnöde Abkürzungen, heute sind beide zudem beliebte „Fotomodels". Auch ihre umgangssprachlichen Bezeichnungen als „alte" und „neue" Brücke bezeugen noch, welch praktischen Alltagswert die beiden Bauwerke zwischen Oberstadt und Bahnhofsviertel ursprünglich hatten – und haben. Heute klingt indes viel Wärme und Stolz mit, wenn die Luxemburger über das Brückenduo sprechen. Das romantisch grüne Tal der Petruss überspannend, sind die beiden Steinbrücken aber auch die Lieblinge von Fotografen aus aller Welt. Ihre einzigartige Lage, sozusagen das Bindeglied zwischen den Welten von Festungsfelsen, Flusstal und urbanem Nachbarviertel, ist eine Steilvorlage für kreative Bildkompositionen. Zudem sind beide Bauwerke noch echte Schönheiten aus den Zeiten des Steinbrückenbaus. Sie belohnen einen Blick auf die Details, wie beispielsweise das Wappenornament inmitten des 85 Meter weiten zentralen Brückenbogens der sogenannten neuen, der Adolphe-Brücke. Großherzog Adolphe ließ zwischen 1900 und 1903 die mit 153 Metern Länge damals größte Steinbogenbrücke der Welt erbauen, rund 40 Meter über dem Tal der Petruss. Die Nei Bréck ist heute noch eine Schlagader der Stadt. Die Al Bréck, im polyglotten Luxemburg auch Passerelle oder Viadukt genannt, ist rund 50 Jahre älter und zudem im klassischen Stil gleichmäßiger, mit schmaleren Bögen errichtet – wie ein römischer Viadukt eben. Wenn moderne Verkehrsmittel vor der Kulisse von Festung und Tal über diese historischen Brückenbögen rollen, ist der stilistische Kontrast ein Fest für Fotografen. Noch leichter haben die es bei der Pont Adolphe einige Hundert Meter entfernt. Sie hat als „Model" sogar einen eigenen Laufsteg. Unterhalb der Fahrbahn für Auto und Straßenbahn gibt es eine Spur für Fußgänger und Fahrradfahrer – mit phänomenalem Blick für Fotografen.

TIPP

Mit dem Aufzug runter ins Tal – die Perspektive von unten auf die Brücken ist beeindruckend.

- Alte Brücke (Viadukt), 5, Avenue de la Gare,1611 Luxemburg
- Neue Brücke (Pont Adolphe), Uewerstad, 1116 Luxemburg

Faszinierend und filmreif

50 Die spektakuläre Wolfsschlucht bei Echternach

Ein Kind in der Spielzeugabteilung – das ist der Gesichtsausdruck der Menschen, die die Wolfsschlucht im Müllerthal durchstreifen. Was Mutter Natur aus ihrem Repertoire in der Felsformation bei Echternach alles ausgepackt hat, ist schlicht ein Erlebnis. Ein Fest für die Sinne, aber auch für Kopf und Seele. Schon der Fußweg an sich ist ein Abenteuer: Holzstege, steinerne Steighilfen oder Brückenpfade, die teils in luftiger Höhe von einem Felsen zum anderen führen. Der angesichts der grandiosen Natur erstaunlich bequeme Pfad schlängelt sich zwischen schroffen Felsen, engen Schluchten und sanften Waldstücken hindurch. Es wirkt, als hätte jemand willkürlich „einfach Landschaft ausgekippt" – was irgendwie auch richtig ist, denn das Felsgewirr geht geologisch auf einen Felsabrutsch in grauer Vorzeit zurück. Und am Eingang hinter dem eindrucksvollen Felsobelisken „Nadel der Kleopatra" riecht man die Natur durch die Enge und Tiefe der Schlucht viel intensiver. Denn obwohl sich die Felsmauern bis zu 50 Meter emporrecken und man beim Blick nach oben nur noch ein kleines Stück Himmel erkennen kann, hat sich am Boden und sogar an den steilen Steinwänden die Natur ihren Platz erobert. Farne, Gräser, Sträucher allerorten. Ja, selbst Bäume wachsen an scheinbar unmöglichen Standorten gen Himmel. Es ist faszinierend, sich immer wieder aufs Neue vom teils skurrilen Wachstum der Vegetation überraschen zu lassen. Apropos Überraschung: Hinter jeder Biegung bietet sich den Besuchern etwas Neues. Kleine Höhlen, schmale Felsspalten, verblüffende unterirdische Galerien – es ist nicht verwunderlich, dass hier zahlreiche europäische Fantasyfilme eine perfekte Kulisse fanden und dass diese verwunschene Kluft seit Jahrhunderten den Stoff für vielfältige Mythen und Mysterien bot. Ursprünglich wurde sie „Teufelsscharte" genannt, im 19. Jahrhundert kam dann der Name „Wolfsschlucht" auf. Beide Namen zeigen die schaurig-schöne Faszination des Ortes.

TIPP

Die Straßencafés am Marktplatz von Echternach ums Eck sind ideal, um die Eindrücke zu verarbeiten.

● An der Straße CR 364, Wanderweg Auto-Pédestre E1, 6460 Echternach
www.mullerthal.lu/de
● ÖPNV: Bus 500 ab Ettelbrück

Brodelnde Brauerei

51 Luxemburgs Kneipenviertel Rives de Clausen

Wenn es Abend wird, dann erwacht die alte Brauerei. Bunte Lichter, feiernde Menschen, viel Musik – Rives de Clausen ist der Hotspot in Luxemburg für die etwas lautere Abendgestaltung. Wobei das „laut" schon die einzige Festlegung ist, denn ansonsten ist das Gastronomieangebot vielfältig. Musikcafés, Bistrots, Dance-Bar, Disco oder Themenrestaurants – zu Füßen der Luxemburger Altstadt ist in Clausen ein pulsierendes Kneipenviertel entstanden. Hier treffen sich Feierlustige und Nachtschwärmer, Feinschmecker und Schaulustige. In den stylisch restaurierten Gebäuden der ehemaligen Mousel-Brauerei hat sich eine kunterbunte Ausgehszene etabliert. Selbst ohne Kneipenleben wäre das Gelände am Ufer der Alzette einen Besuch wert. Es bietet diese typisch Luxemburger Genießermischung von eigentlichen Gegensätzen, die zu einem neuen Gesamtbild zusammengewachsen sind: das romantisch sanfte Ufer der Alzette, die nüchternen Lagerhallen, das herrschaftliche Verwaltungsgebäude, der alte Schornstein, die bunten Namensschilder der Kneipen, die Altstadt mit Felsen und Brücke im Hintergrund sowie in direkter Nachbarschaft ein ultramoderner Bürokomplex. Und trotzdem „passt" das Ensemble. Etwas Passendes für sich dürfte auch jeder Besucher des Kneipenviertels finden. Schon die Namen machen deutlich, wie facettenreich das Angebot in Sachen Abendunterhaltung ist: Zulu Blanc, Big Beer Company, Ikki Sushi, Rockbox – Bar and Concerts, Shamrock Pub oder Zap Schoul. In Sachen Ambiente reicht die Bandbreite von gemütlicher Kneipe bis zur exklusiven Dachterrasse im Gourmetrestaurant Le Sud mit einem herrlichen Ausblick. Die für die Augen schönste Zeit ist der frühe Abend, wenn sich die ersten Lampen mit dem Restlicht des Tages mischen. Dann kann man noch viele Details der Gebäude sowie der malerischen Kulisse der Oberstadt erkennen und trotzdem schon das abendliche Lichtspektakel genießen.

- Rives de Clausen, 2165 Luxemburg
- ÖPNV: Bus 14, 15, 83, 93, Haltestelle Clausen, Tour Jacob

JAKOB'S
JAPAN
18
cloudera

Schule des Stararchitekten

52 Die Foundation Valentiny in Schengen

Wer mit offenen Augen durch das Moselstädtchen Schengen bummelt, dessen Augen werden unweigerlich an den Ideen von François Valentiny hängen bleiben. Denn obwohl der Stararchitekt mittlerweile auf Bauten rund um die Welt verweisen kann, ist ihm seine Heimat an der Mosel doch stets wichtig. Das nachhaltig erbaute Naturkundebesucherzentrum Biodiversum in Remerschen oder die dortige Jugendherberge sind echte Hingucker – ganz zu schweigen von dem Gebäude der von ihm gegründeten Valentiny Foundation in Remerschen. In strahlendem Weiß, schiffsartig geschwungen und mit Fenstern, die an quer stehende Augen erinnern, hat sich Valentiny etwas Besonderes für dieses Projekt einfallen lassen. „Um Grenzen haben wir uns nie gekümmert", sagt er als typisches Kind des Dreiländerecks an der Mosel. Man müsse sie immer wieder überschreiten, vor allem im Kopf. Mit seiner Stiftung will Valentiny auch den Weg „über die Grenze" zeigen, denn im Inneren lässt er sich über die Schulter gucken. Rund 3200 Objekte, Zeichnungen, Skizzen, Skulpturen und Modelle, architektonische und künstlerische Kreationen von Valentiny sind im 2016 eröffneten Haus ausgestellt. Manche stammen aus den verschiedenen Phasen eines Projekts und dokumentieren den Weg von der Idee übers Konzept zum Plan. In den Innenräumen fasziniert vor allem die Inszenierung von Design. Diese nutzt Valentiny, um die Räume an Künstler, für Ausstellungen, Konzerte oder für passende Events zu vermieten. „Leben darin" gäbe einem Gebäude erst eine Seele, wird Valentiny zitiert. Bei der spektakulären Universitätsbibliothek in Luxemburgs Belval, die sich faszinierend in das Bild der Fördertürme aus der Zeit der Schwerindustrie des Minett einfügt, ist dieses Leben durch die Studenten garantiert. Im Gebäude seiner Stiftung steckt ohnehin viel Leben in den Wänden. Valentiny hat nämlich die Mauern seiner alten Grundschule ummantelt und in das spektakuläre Design integriert. Damit hat er auch ein Stück des eigenen Lebens eingebaut.

TIPP
Das von Valentiny erbaute Naturzentrum Biodiversum ist nur 10 Fußminuten entfernt.

● Valentiny Foundation, 34, Route du Vin, 5440 Remerschen
www.valentiny-foundation.com

Lebendiges Stück Felsen

53 Der Dornröschenschlaf der Quirinuskapelle

Man muss sie suchen, und wenn man sie gefunden hat, dann mag man es kaum glauben. Die kleine Quirinuskapelle zu Füßen des Luxemburger Festungsfelsens ist wahrlich ein verwunschener Ort. Viel weiter weg vom geschäftigen Treiben der Oberstadt als nur die rund 30 Meter Höhenunterschied – Jahrhunderte weiter weg. Fast überwuchert von Bäumen und hohen Sträuchern ist es zunächst nur das kleine spitze Türmchen, das den Blick einfängt. Es dauert eine Zeitlang, bis man die Umrisse der Kapelle als eigenständiges Gebäude wahrnimmt. Denn sie scheint mit dem Felsen verschmolzen zu sein, hineingebaut mit der Festung als Rückseite. Je näher man kommt, desto intensiver wird die Magie dieses außergewöhnlichen Ortes, der im Dornröschenschlaf zu liegen scheint. Mystisch ist auch die Geschichte der Kapelle. Im 14. Jahrhundert wurde sie von einem deutschen Ritterorden aus einer Höhlenkirche errichtet, an einer angeblich heilenden Quelle, deren Wasser von den Menschen im Umland zur Linderung von Augenleiden geschätzt wurde. Über die Felsquelle und ihre Heilkräfte wurde schon seit der Römerzeit berichtet und bereits im 11. Jahrhundert fanden in den Höhlen um die Heilquelle zu Ehren des heiligen Quirinus Gottesdienste statt. Später, im 19. Jahrhundert, wurden dann die in den Felsen gehauenen, ursprünglich gotischen Fassadenteile der Kapelle um Dach und Glockentürmchen ergänzt. Im Schatten des Felsens blieb sie vor Witterungseinflüssen weitgehend geschützt und weil sie zudem keinerlei militärischen Wert besaß, wurde sie nie schwer beschädigt und besticht durch das, was man unter Kunstsammlern „altersgemäße Patina" nennen würde. Auf kleinen Treppen und schmalen Wegen kann man die verwunschenen Außenbereiche der Anlage und die Heilquelle erkunden, im Inneren warten fast spartanisch demütig ein Altar und eine kleine Sakristei.

- Quirinuskapelle, Rue Saint Quirin, 2381 Luxemburg (Ein schmaler Weg führt zur Kapelle.)
- ÖPNV: Bus 23, Haltestelle Stadgronn-Bréck

Schokolade statt Eisenerz

54 Stylische Chocolatière im Escher Strukturwandel

Klassisch-reduzierter Stil im Verkaufsraum, Produkte in fantasievollen, mutigen Farben in den Schaukästen – das Geschäft von Chocolatière Lola Valerius würde problemlos in die Pralinenhauptstädte Frankreichs und Belgiens passen. Aber die 30-Jährige ist mit ihren Kreationen mehr als nur ein Tipp. Mit ihrem frischen Style und ihrem Mut ist sie ein Symbol für den Aufbruch der ehemaligen Schwerindustriemetropole Esch an der Alzette zu neuen Ufern. Das nach der Bodenfarbe rund um die Förderstätten benannte Land der roten Erde wird bunt und somit attraktiv für neue Zielgruppen, für junge Unternehmer mit originellen Ideen. Stylische Kakaohäppchen, wo früher Kumpel und Malocher schwitzten. „Für mich als Escherin war klar: Ich will in meine Stadt zurück. Aber es gibt hier auch viel Potenzial, es entwickelt sich alles in die richtige Richtung.“ Dass Esch 2022 zur Kulturhauptstadt Europas wurde, unterstreicht diese Einschätzung nachdrücklich. Denn aufwendige und ausgefallene Schokoladenkreationen brauchen halt auch Kunden, die sich für außergewöhnliche Ideen und ausgesuchte Produkte begeistern können. Damit diese Qualität sichtbar wird, trennt nur eine Glasscheibe den Verkaufsraum von der Küche. „D´Lola“, wie es auf Lëtzebuergesch heißen würde, will zeigen, wie sie arbeitet. Nach einem Architekturstudium hat sie bei den besten Adressen gelernt, in Paris und in Taiwan. Zurück in der Heimat setzt sie auf ihre Heimat – sprich auf lokale Anbieter, beispielsweise für qualitativ hochwertige Milchprodukte. „Bei mir gibt es alles, was mit Schokolade zu tun hat.“ Und das ohne künstliche Aromen oder Geschmacksverstärker, aber dafür mit einer gehörigen Portion Farbe und Kreativität in Sachen Design. Dies, zusammen mit originellen Rezepten, verleiht der traditionellen Schokolade eine ganz neue Frische. Man bestellt einfach stahlblaue, karminrote oder sonnengelbe Kügelchen – und genießt schon vor dem ersten Biss.

● Lola Valerius, Chocolatier du Luxembourg, 37, Avenue de la Gare, 4130 Esch-sur-Alzette, www.lolavalerius.com

CHEESECAKE
NOISETTE

Ein Dorf macht grenzenlos

55

Schengen als Begriff für 26 Länder Europas

Wort, Ort, Begriff bedeuten für Reisende „grenzenloses Glück": Schengen. Der verträumte kleine Winzerort am südlichen Beginn der Luxemburger Weinstraße hat durch das gleichnamige Abkommen die Jahrhunderte der Schlagbäume und Kontrollen an den innereuropäischen Grenzen beendet – per Federstrich im Jahr 1985. Diese im Wortsinn unbeschränkte Reisefreiheit sehen die meisten Menschen heute als eine der wichtigsten Errungenschaften der Europäischen Union an. Doch die geschichtliche Bedeutung erkennt man erst auf den zweiten Blick, wenn man die Uferpromenade des malerischen Winzerstädtchens entlangspaziert. Drei große Metallstelen mit dem ausgestanzten fünfzackigen Europastern recken sich als Monument „Schengener Abkommen" am Moselufer in die Höhe. Und ein Museum in der Ortsmitte zeigt, wie aus den fünf damaligen Gründungsmitgliedern Deutschland, Frankreich und den drei Beneluxstaaten nunmehr 26 Länder im „Schengen-Raum" wurden. Jüngst wurde noch ein Zeitzeuge zurückgeholt. 1985 wurde das Abkommen in Ermangelung eines geeignet großen Raums in dem kleinen Städtchen kurzerhand an Bord des Ausflugsschiffs „Marie-Astrid" unterschrieben. Zwischenzeitlich als „MS Regensburg" auf der Donau im Einsatz wurde die alte Dame nun 2021 zurückgekauft und soll zu einer schwimmenden und fahrenden europäischen Begegnungsstätte umgestaltet werden. Die große Politik ist in Schengen zwar sichtbar, aber nicht sehr spürbar. Man staunt als Besucher, dass an so einem unaufgeregten Ort so große und weitreichende Politik stattfinden konnte. Die gelassen dahinfließende Mosel scheint auch dem Örtchen Gelassenheit zu verleihen. Ob bei einem gemächlichen Spaziergang über die Uferpromenade oder entlang der hübschen Bauern- und Winzerhäuschen im Ortskern – Hektik scheint hier ein Fremdwort zu sein.

TIPP

Im Ortskern gibt es noch ein Stadtschloss und einen verwaisten Burgturm zu sehen.

● Europamuseum, 6, Rue Robert Goebbels, 5444 Schengen, www.visitschengen.lu
● ÖPNV: Bus 315 ab Luxemburg-Stadt

Eine schnaufende Zeitreise

56

Minett Park und die Romantik des Erzbergbaus

Die Szenerie ist fast spielzeughaft, aber sie zieht Besucher sofort in ihren Bann. Man ist im Land der Roten Erde, dem Landstrich, den die Luxemburger Minett (von Mine) nennen – aber per Zeitreise zurück in die Jahre um 1920. Damals war Erz noch der Garant für Luxemburgs Aufstieg. Und weil es verglichen mit den gigantischen Industriekomplexen für Kohle und Stahl des Ruhrgebiets im südlichen Luxemburg eher handwerklich, beinahe ländlich zuging, wirkt die Szenerie weniger technisch als fast romantisch. Im Park gibt es eine Vielzahl von Möglichkeiten, den alten Zeiten nachzuspüren. Schon bei der Anreise von Petange (Petingen) besteigt man eine Zeitkapsel. Die Dampfloks des wunderschönen „Train 1900" bringen Besucher in zeitgenössischen Waggons zum Fond-de-Gras, und zwar auf der ab 1874 zum Erztransport genutzten Strecke „Ligne des Minières". Am Zielort wartet die nächste Überraschung: Fond-de-Gras ist ein kleines, fast idyllisches Tal. Eigentlich kaum vorstellbar, dass die kleinen Grubeneingänge in den Hügeln diesen Ort zu einem der wichtigsten Bergbaustandorte Luxemburgs machten. Rund um Bahn und Bahnhof begeistert die Liebe zum Detail, mit der die alten Zeiten in Szene gesetzt werden. Ob Krämerladen, Möbel, Schaffner oder liebevoll restaurierte zeitgenössische Loks und Waggons – mit jedem Blick gibt es Neues zu entdecken. Am Bahnhof kann man noch tiefer in die alten Bergwerkszeiten eintauchen. Die Grubenbahn „Minièresbunn" tuckert tief durch einen ehemaligen Erzstollen von Fond-de-Gras ins benachbarte Stahldorf Lasauvage. Dort lebte man von 1625 bis rund 1978 vom Erz, dessen oxidierte Eisenbestandteile den Boden rot färben – die Rote Erde im Minett. Heute ein Museumsdorf. Wer nicht nur gefahren werden will, der kann eine der viersitzigen Draisinen nutzen, die zum Selbststrampeln über alte Gleise zwischen Bois-de-Rodange und Fond-de-Gras einladen. Nur Lästermäuler würden behaupten, dass der dortige Bahnhof dadurch zum Schnauferltreff würde.

● Minett Park, 2, Fond-de-Gras, 4576 Niederkorn (in Petange den Schildern „Train1900" folgen), www.minettpark.lu

N:12
AMTF

Status aus Stein

57 Bummeln rund um den Bahnhof

Der Kontrast ist frappierend. Hoch über der Eingangshalle des Luxemburger Bahnhofs teilen sich die digitale Anzeigetafel und ein wunderschönes Glasmosaik ein mächtiges Fenster: unten überwiegend in nüchternem Blau-Weiß gehalten die Zuginformationen, darüber farbenfroh eine stilisierte Silhouette Luxemburgs. Doch irgendwie – typisch Luxemburg – fügen sich die Gegensätze zu einem stimmigen Gesamtbild. Der 1859 eröffnete Hauptbahnhof liegt gegenüber der Oberstadt im Stadtteil Hollerich und wurde aus strategischen Gründen außerhalb der eigentlichen Festungsmauern angesiedelt. Erst kurz vor dem Ersten Weltkrieg wurde der alte Fachwerkbau durch einen Umbau im Moselaner „Neu-Barock" mit eindrucksvoller Eingangshalle und hohem Uhrenturm ersetzt. Gleich nebenan ist im damals für die großherzogliche Familie vorbehaltenen und sehr sehenswerten Pavillon heute ein Restaurant untergebracht. Das faszinierende Spiel der Gegensätze findet man auch rings um den Bahnhof. Eindrucksvolle Bauten zeugen von der wirtschaftlichen Bedeutung und Macht ihrer Auftraggeber. Beispielsweise das aus den 1920er-Jahren stammende ehemalige Verwaltungsgebäude von ARBED, des Luxemburger Stahlunternehmens von Weltrang, das dann zum heutigen AcelorMittal fusionierte. Man kommt aus dem Staunen kaum heraus, wie hier der eigene „Status" inszeniert wurde. Hier sehr repräsentativ die Staatssparkasse, dort mehr bürgerlich an der Place de Paris – es ist ein spannender Bummel durch steinernes Selbstverständnis. Nur einige Straßen weiter kommt man ins Arbeiterviertel Bonneweg, sozusagen vom Salonwagen zur Lokomotive. Hier ist der Strukturwandel sichtbar: Rau, zweckmäßig und angestaubt sind die Bauten. Doch mit den beiden Ringlokschuppen Rotondes als Kulturzentrum ist ein Leuchtturmprojekt entstanden. Das Kultcafé Bouneweger Stuff greift diesen Wandel perfekt auf. Hier wird Traditionelles mit kreativen Ideen verbunden, beispielsweise mit einer spannenden Auswahl an Bieren aus kleinen, einfallsreichen Mikrobrauereien.

- Place de la Gare, 1616 Luxemburg, www.luxembourg-city.com/de
- Bouneweger Stuff, 1, Rue de Cimetiére, 1338 Luxemburg www.bounewegerstuff.lu
- ÖPNV: Tram T1, Haltestelle Bahnhof

Burg mit Käse und Wein

58 Picknick mit Geschichte in Bourscheid

Lage, Lage, Lage – die Herren der Burg Bourscheid kannten offensichtlich schon im 11. Jahrhundert diese Immobiliengrundregel. Denn fast 1000 Jahre später fasziniert die Standortwahl immer noch die Besucher. In einer Schleife der romantischen Sauer, hoch aufgereckt über dem kleinen Städtchen auf einem Felskegel und inmitten einer dicht bewaldeten Hügellandschaft – für viele ist Bourscheid die landschaftlich schönste Burg Luxemburgs. Davon kann man sich nicht nur von den Türmen und Zinnen der teilrestaurierten Anlage aus überzeugen, vielmehr liegt mit Gringlay einer der – wen wundert`s – landschaftlich schönsten Picknickplätze Luxemburgs auf den Hügeln gegenüber, quasi Auge in Auge mit der Burg. Der Blick von diesem Aussichtspunkt auf Burg und Tal ist phänomenal. Wenn man unterwegs in einem Dorfladen (Achtung Klischee, aber lecker) Brot, Käse und Wein eingepackt hat, dann vergeht beim Sitzen an den Picknicktischen die Zeit einfach anders. Die mit dem Sonnenstand wechselnden Farb- und Schattenspiele der Burgmauern, die vielfältigen Grüntöne der Wälder und das Glitzern der Sauer – hier zeigt die Natur ihr eigenes Zifferblatt. Wobei der Lauf der Zeit auch an der Burg Bourscheid selbst sichtbar ist. Wie Jahresringe am Baum kann man die verschiedenen Phasen des Baus und der Erweiterungen erkennen. Vom Bergfried, der als ältester Teil heute immer noch am höchsten heraufragt, über das Herrenhaus bis zu den im 15. Jahrhundert hinzugekommen äußeren Ringmauern mit den schiefergedeckten Türmchen. Die weitläufige und dennoch verwinkelte Anlage ist eine einzige große Einladung zum Herumstöbern. Und quasi als Belohnung winken immer wieder wunderschöne Ausblicke ins Tal und auf die umliegende Hügellandschaft. Wie schon gesagt: Die Lage der Burg war klug gewählt.

- Gringlay Picknick Aussichtspunkt, Millen, 9164 Bourscheid
- Burg Bourscheid, Schlasswee 1, 9140 Bourscheid, www.castle-bourscheid.lu
- ÖPNV: Bus 135, 545 ab Ettelbrück

XXL-Kunst am Bau

59 Kirchberg: Businesspark als Freilichtmuseum

Es ist verblüffend, einen Kunstspaziergang durch ein Bankenviertel vorzuschlagen. Aber rund um die imposanten Bauten der großen Player von Wirtschaft und Finanzindustrie auf dem Kirchberg hat sich eine Art Freilichtmuseum für moderne Architektur und Kunst entwickelt. An der langen Avenue John F. Kennedy, quasi immer in Sichtweite der Konkurrenten, haben Banken, Beratungsfirmen und Versicherungen in einer Art kreativem Konkurrenzkampf weltbekannte Architekten angeheuert, um ihrem Bau „den besonderen Kick" zu verleihen – sehr zur Freude neugieriger Betrachter. Zum Gesamtbild gehören natürlich auch pfiffige Umfeldgestaltungen mit grünen Oasen, verschachtelten Wasserspielen und einladenden Sitznischen. Aber vor allem durch die Werke weltweit renommierter Künstler, die im XXL-Format eine spezielle Art von Wegmarke und „Visitenkarte" sind. Vor der DEKA-Bank steht etwa der „Lange Banker" der Berliner Künstlergruppe Inges Idee. Auf 7 Meter Höhe wurde die Plastik eines Bankiers nur in der Längsachse gedehnt, was die Figur – klischeegerecht mit Regenschirm und Zeitung unterm Arm – so eigentümlich verfremdet, dass sie ein echter Hingucker ist. „Non Violence" ist der weltberühmte Revolver mit dem verknoteten Lauf des Schweden Carl Fredrik Reuterswärd am Freizeitzentrum Coque. Vor dem Eingang zur Deutschen Bank lässt Markus Lüpertz den Flussgott Citunno aus den Fluten steigen. Einen faszinierend verschlungenen Knoten aus Stahlschrott hat Frank Stella als „Sarreguemines" vor der UniCredit Bank platziert. Diese Werke im XXL-Format haben noch eine Vielzahl von kleineren Pendants vor und an Bauten, die ihrerseits ein Füllhorn von Ideen und Fantasien sind. Ein fesselndes Kaleidoskop dessen, was moderne Architektur aus Stahl, Glas und Beton alles erschaffen kann. Uniform ist hier eigentlich nur das Outfit des Langen Bankers.

● Langer Banker, 38, Avenue John F. Kennedy, 1855 Luxemburg
● ÖPNV: Tram T1, Haltestelle Universität

Himmlische Aussicht

60 Wormer Koeppchen: Schutzpatron der Weinberge

Der Heilige hat wahrlich eine himmlische Aussicht. Als die Winzer von Wormeldange vor rund 100 Jahren eine Kapelle für Donatus, den Schutzheiligen der Weinberge, errichteten, wählten sie den Standort mit Bedacht. Der Schutzheilige sollte alles rundum im Blick haben von seiner Kapelle – was heutzutage von zahlreichen Besuchern nur zu gern bestätigt wird. Die Kapelle über dem Wormer Koeppchen ist wohl der markanteste Aussichtspunkt entlang der Luxemburger Weinstraße. Auf einem halbrunden Steinplateau an der Kuppe des Hangs steht sie mit stolz flatternder Luxemburger Fahne, allein inmitten unzähliger Rebstöcke, hoch über der Mosel und dem Ort tief unten im Tal. Der Blick ist beeindruckend, umso mehr wenn man auf dem Weg zur Kapelle den Weinlehrpfad genutzt hat. Der führt in gemütlichen rund 90 Minuten von der Kellereigenossenschaft hinauf auf die Höhen der renommierten Weinlage des Koeppchen, durch die Weinberge sowie über die Anhöhen Koeppebierg und Palmberg zur Donatuskapelle und zurück nach Wormeldange. Welche Lage es wo gibt, oder welche Rebsorten welche Sonne oder welchen Boden bevorzugen – dank einer Broschüre, die bei der Genossenschaft erhältlich ist, und zahlreicher Schautafeln unterwegs werden viele Fragen zum Thema Wein beantwortet. Darunter auch die Frage, warum sich der Riesling am Koeppchen mit seinem muschelkalkhaltigen Boden und der idealen Ausrichtung nach Süd-Westen an den steilen Hängen so besonders wohlfühlt. In der Winzergenossenschaft Caves Crémants Poll-Fabaire im Ort können Besucher dann das Ergebnis dieser Anbaubedingungen mit Nase und Gaumen erleben. Die Kellerei mit Weingarten vor einem wunderschönen Art-Nouveau-Haus stellt einen der renommiertesten Luxemburger Crémants her. Aber auch die anderen Weine der Region kann man mit Blick auf die Mosel in Ruhe genießen – unter dem wachen Auge des heiligen Donatus auf seiner Höhe.

● Caves Crémants Poll-Fabaire, 115, Route du Vin, 5481 Wormeldange
www.vinsmoselle.lu
● ÖPNV: Bus 305 ab Luxemburg-Stadt

Exklusiv und ausgefallen

61 Internationaler Flair beim Shoppen in Luxemburg

Die Namen an den Geschäften lesen sich wie ein „Who is who" des internationalen Shoppings. Gucci, Vuitton oder Hermes – wer Rang und Namen hat, präsentiert sich in der Fußgängerzone von Luxemburgs Oberstadt. Kein Wunder, ist doch die Kaufkraft im Großherzogtum enorm. Luxemburg ist europäischer Spitzenreiter in Sachen Bruttoinlandsprodukt pro Kopf, fast 20 Prozent vor der Schweiz. Und kein Wunder, dass Schriftsteller Roger Manderscheid über seine Heimat spitzzüngig spottete: „Luxemburg, Luxusburg." Man gönnt sich halt gern etwas und genießt die Möglichkeiten in – laut Manderscheidt – „Europas größter Kleinstadt". Denn durch den beschränkten Raum auf dem Plateau wird aus dem Schaufensterbummel kein Langstreckenlauf. Das Karree zwischen Grand Rue und Rue Notre Dame beziehungsweise zwischen dem Großherzoglichen Palast und dem Boulevard Royal ist nach weltstädtischen Maßstäben eher eng. Luxemburger kontern diese Einschätzung gern mit dem Verweis auf das exklusive Angebot und das deutsche Sprichwort: „Klein, aber fein." Eines ist das Angebot aber auf jeden Fall: anders. Schon weil neben den Pendlern und Touristen rund 50 Prozent der Einwohner nicht aus Luxemburg stammen, sind die Geschmäcker und damit die Sortimente im kleinen Vielvölkerstaat sehr international. Vieles ist erkennbar französisch geprägt, aber auch italienische und spanische Einflüsse sind im Luxemburger Mix sichtbar. So birgt selbst der Besuch bei einer vertrauten Modekette eine Menge Überraschungen. Spannend ist auch der Shop-Mix. Die Enge auf dem Plateau regelt, was in vielen deutschen Städten ein Problem ist: Hier existieren Luxusuhren und libanesischer Imbiss, Drogeriemarkt und exklusive Weindegustation nebeneinander. Übrigens: Auch im Bahnhofsviertel in der Avenue de la Gare und Avenue de la Liberté sowie im Finanzviertel Kirchberg haben sich internationale Topmarken angesiedelt und laden zum Schaufensterbummel ein.

- City Shopping Point, Place d'Armes, 1368 Luxemburg, www.cityshopping.lu/de
- ÖPNV: Tram T1, Haltestelle Hamilius, Bus 19, 31, Haltestelle Centre, Gruef

LUXEM
H&M
COS

Brücken der Zeit

62 In Pfaffenthal wurden Bollwerke zu Biotopen

Können Festungsmauern sanft und romantisch sein? Geht man im Schatten der Roten Brücke durch Pfaffenthal, dann wirken die alten militärischen Gemäuer mehr wie Bauteile eines Biotops und kaum wie ein Bollwerk, Tore und Türmchen wirken eher einladend denn abschreckend. An den Ufern der Alzette findet man einige echte Kleinode. Schon die beiden befestigten Brücken mit ihren pittoresken Wehrgängen scheinen aus heutiger Sicht fast unter landschaftsbaulichen Aspekten errichtet worden zu sein, um dem ruhigen Lauf des Flüsschens zusätzliche Akzente zu verleihen. Beispielsweise die „Stierchen" genannte Querung mit ihrem Turm nahe der Abtei Neumünster – was genau zu diesem Namen geführt hat, ist immer noch vieldiskutiert. Das Pendant einige Hundert Meter flussaufwärts heißt „Béinchen" – dieser letzebuergische Name soll sich aus den drei Brückenbögen herleiten. Beide bieten einen wunderbaren Blick und die Erkenntnis, wie gut sich Menschen, Häuser und Natur längs des Flusses arrangiert haben. Kleine Bootsschuppen und Stege, Kopfsteinpflastergassen und steile Treppen – das Leben am Ufer zeigt von den Brücken aus seine beschauliche Seite. Auf der Brücke stehend, vergeht die Zeit einfach anders. Spektakulär ist das Fotomotiv der kleinen Béinchen mit der hoch über ihr aufragenden modernen Roten Brücke. Selbst die beiden flankierenden Tortürme (auch Vauban-Türme), eigentlich eher klotzig konstruiert, haben sich im Lauf der Zeit in die Romantik des Ortes eingefügt. Rund um das zweigeschossige Siechentor – hier ging es früher zur Herberge für Kranke und Aussätzige außerhalb des Stadtgebiets – hat die Natur mit viel Grün den Steinen den Platz streitig gemacht. Es ist faszinierend, diese sanfte, friedvolle Mischung ausgerechnet von alten Wehrgängen und Festungsbrücken zu entdecken.

TIPP

Der Vauban-Rundweg führt zu den kleinen, ins Landschaftsbild integrierten Befestigungen.

● Bollwerke in Pfaffenthal, Rue Vauban, 2663 Luxemburg
Vauban-Rundweg, Faltblatt oder geführte Tour beim Luxembourg City Tourist Office, www.luxembourg-city.com
● ÖPNV: Bus 23, Haltestelle Pfaffenthal

Industrie-Adel

63 Porzellandynastie Boch: Wo alles begann

Wer beim Anblick des stattlichen Schlosses und der prächtigen Gartenanlage auf ein Adelshaus als Inhaber tippt, der liegt fast richtig. Denn das Schloss Siweburen (auch Siebenbrunnen oder Septfontaines) ist altem Industrie-Adel zu verdanken. Im Jahr 1784 stellten die Brüder Jean-François, Dominique und Pierre-Joseph Boch in der Nähe ihrer Porzellanfabrik das repräsentative Anwesen fertig. Boch und Porzellan? Ja, der kleine Luxemburger Vorort Rollingergrund war in der Tat Keimzelle des Unternehmens, das heute als Villeroy & Boch einer der bekanntesten Markennamen in Sachen Keramik und Porzellan ist. Auch wenn der Konzern mittlerweile im deutschen Mettlach beheimatet ist, sind bei den „sieben Brunnen" immer noch Spuren des Unternehmens zu finden. Gleich ums Eck des damaligen Familiensitzes kann man heute in einem Factory-Outlet nach Herzenslust zwischen Tellern und Tassen oder stilvoll-kreativen Objekten und Skulpturen stöbern. Das Schloss selbst ist heute ein Schulungszentrum, aber beim Blick auf den prachtvollen Garten kann man sich einen Eindruck verschaffen, welche Bedeutung die Gründerfamilie Boch (übrigens zusammen mit der Familie Villeroy immer noch Hauptaktionär) schon damals für das Dörfchen hatte. Und dennoch waren die Anfänge typisch holprig für einen industriellen Wandel. Denn im Streit um die knappe Ressource Wasser (daher Siebenbrunnen) mussten sich die seit 1768 in Rollingergrund ansässigen Porzellanhersteller mit den alteingesessenen Wäscherinnen vertraglich arrangieren. Diese verdienten ihren Lebensunterhalt durch Kunden aus Luxemburgs Oberstadt. Ein Hinweisschild erinnert heute noch an die 1968 abgerissenen überdachten Waschtröge und Bleichwiesen der Waschfrauen. Das Schloss wechselte in den bewegten Zeiten nach der französischen Revolution öfter die Besitzer, wurde aber 1970 von der Familie Boch zurückgekauft und restauriert. Heute ist es eine Business-School, das Ex-Werk wird zu einem Wohngelände.

TIPP

In der Oberstadt kann man im House de Villeroy & Boch (2, Rue de Fossé) ausgefallene Keramik entdecken.

- Schloss Siebenbrunnen, 326, Rue de Rollingergrund, Outlet Store, 330 Rue de Rollingergrund, 2441 Luxemburg
- ÖPNV: Bus 10, 11, 21, 30, 31, Haltestelle Roudebierg

Unterwelt mit Aussicht

64

Die Bock-Kasematten: Schlachtschiff aus Stein

Die eindrucksvollen unterirdischen Festungsanlagen, die den Bock-Felsen unter der Altstadt durchziehen, sind ein Muss in Luxemburg. Den Kasematten hat die Stadt in kriegerischen Zeiten den Beinamen „Gibraltar des Nordens" sowie in der Neuzeit den Titel Weltkulturerbe zu verdanken. Heute ist ein Besuch in den Felshöhlen ein spektakuläres Erlebnis. Fast 30 Kilometer lang sollen sie gewesen sein, bis auf rund ein Drittel wurden sie später verfüllt. Damals wie heute eröffnen die Schießscharten eine beeindruckende Aussicht ins Umland aus der Perspektive der Unterwelt, beispielsweise aus den Bock-Kasematten aufs Tal der Alzette. Der Rundgang (es gibt auch Führungen) bietet einen spannenden Ein- und Überblick, wie sich die Felsenfestung seit Beginn der Arbeiten 1745 durch österreichische Ingenieure entwickelt hat. Vor der Schleifung 1867 sollten über 50 Kanonen und rund 1200 Soldaten im Schutz des Felsens die Feinde abwehren. Bis in 40 Meter Tiefe wurden die Stollen getrieben, um Raum für Munition, Verpflegung und die Unterbringung der Kasematten-Besatzung zu bieten. Allein der Hauptgang ist 110 Meter lang und rund 7 Meter breit. Das klingt großzügig, doch abseits der Hauptachse sind die Gänge und Gewölbe eher Nischen als Räume. Heute profitieren Besucher von der Entmilitarisierung, denn die Schießscharten wurden dabei so vergrößert, dass man nun einen Rundblick genießen kann. Von der Roten Brücke bis zum Bock-Felsen oder der Ruine des Hohlen Zahns. Durch eine eiserne Tür führt der Weg in die Batterie du Grund. Hier in der Enge zu stehen, während durch vier Schießscharten abwechselnd acht Kanonen ins Tal feuern – diese Vorstellung sorgt noch heute für beschleunigten Atem. Über eine Wendeltreppe geht es ins Freie und über die Schlossbrücke in Richtung Corniche. Beim Blick von außen auf die Schießscharten versteht man, warum Gibraltar und Luxemburg als „Schlachtschiffe aus Stein" bezeichnet wurden. Sie sind schlicht mächtig eindrucksvoll.

TIPP

Die neu eröffneten Petruss-Kasematten inszenieren die Unterwelt mit vielen Lichteffekten.

- Bock-Kasematten, Montée de Clausen, 1343 Luxemburg
- Petruss-Kasematten, Tickets bei City Tourist, 30, Place Guillaume II, 1648 Luxemburg, www.luxembourg-city.com
- ÖPNV: Bus 9, 14, 15, 92, 93, Haltestelle Pfaffenthal, Um Bock

Die Zeit im Blick

65 Luxemburgs Stadtmuseum als Gesamtkunstwerk

Schon die Außenansicht ist eine Art Inhaltsangabe des Lëtzebuerg City Museum: vier historische Adels- und Bürgerhäuser hinter einer gemeinsamen, eindrucksvollen Glasfront. Wie überall in der Oberstadt fordert die räumliche Enge bei neuen Projekten kreative Lösungen, was beim Stadtmuseum zu einer bemerkenswerten Fülle von Ideen sorgte. So beginnt die Reise durch 1000 Jahre Stadtgeschichte dort, wo sie auch historisch begann: tief unten, im felsigen Gewölbekeller, wo unter Graf Siegfried die ersten Befestigungen für die Lützelburg entstanden. Ein modernes interaktives Leitsystem ermöglicht es Besuchern, frei zwischen den fünf Etagen und den vier unterschiedlichen Zeitperioden zu wählen. Zwischendurch lässt sich im gläsernen Aufzug ein toller Blick nach draußen auf das „Heute" genießen. Die Exponate zur Stadtgeschichte warten nicht in Vitrinen oder an Wänden auf die Besucher, sie begleiten und führen. Große Modelle mit interaktiven und multimedialen Elementen veranschaulichen, in welchen Schüben sich die kleine Burg des Grafen zum Gibraltar des Nordens entwickelte. Ringsum findet man spannende Details aus dieser Zeit. Immer einhergehend mit den unterschiedlichen Fremdherrschern, die sich über Jahrhunderte die Klinke Luxemburgs in die Hand gaben. Doch auch wenn militärische Aspekte die Triebfeder beim Wachstum der Festung und der Stadt waren, so thematisieren pfiffige Schaustücke vor allem das Leben der Menschen, wie zum Beispiel ein 360-Grad-Rundumblick in der alten Oberstadt. Nach der militärischen Periode bis zum 18. Jahrhundert geht es in drei weiteren Epochen von der Unabhängigkeit und dem Ende der Festung über die deutsche Besatzung und den Weg zur „Europa-Stadt" bis hin zu einem Ausblick auf künftige urbane Konzepte. Der Bereich Zukunft ist fast symbolhaft im Empfangsbereich angesiedelt. Denn dieser war früher ein kleiner Platz zwischen den vier alten Häusern, wurde aber nun mit der „Einglasung" zu einem neuen Raum für neue städtische Nutzung.

● Luxemburg City Museum, 14, Rue du St-Esprit, 1475 Luxemburg, www.mhvl.lu
● ÖPNV: Bus 19, 31, Haltestelle Centre, Cathédrale

Ein Schritt mit Aussicht

66 Burfelts Plattform Belvédère am Sauerstausee

Sie ist wie die Kirsche auf dem Kuchen: die Aussichtsplattform Belvédère bei Burfelt, hoch über der herrlichen Landschaft des Naturparks Obersauer. Wie auf einer Rampe geht es auf einem ohnehin hohen Uferhügel noch etwas höher bis auf Baumwipfelniveau hinauf und noch ein Stückchen über die Böschung hinaus ins Freie. Was den Besucher dann erwartet, ist ein klassischer Wow-Effekt: ein atemberaubender Rundumblick auf das kleine Flüsschen Sauer inmitten unglaublich eindrucksvoller grüner Hügel und Wälder, auf deren naturbelassenen Verlauf, aber auch auf das kleine Wassersportparadies, das sich im Schatten der Staumauer versteckt. Man staunt über das Ganze und gleichzeitig stolpert der Blick immer wieder über kleine Details, wie beispielsweise die Badestrände bei Burfelt, die die Region in den warmen Sommermonaten zum beliebten Ausflugsziel machen. Das ohnehin schon kühlere Regionalklima der Ardennen inmitten von viel unberührter Natur bietet ideale Voraussetzungen für einen Streifzug mit Erfrischungsgarantie. Denn im Schatten der 48 Meter hohen Staumauer wurde vorsichtig und umweltschonend ein Glücksort aufgebaut, der die ökologischen Notwendigkeiten eines Naturschutzgebiets und eines Trinkwasserreservoirs mit den Besucherwünschen in Einklang bringt. Auf rund 19 Kilometern Länge wurde die Sauer zum See aufgestaut. Segeln, Surfen, Baden, Tauchen – Wassersport aller Art ist dort möglich, nur motorisiert darf er nicht sein. Das Boot für die naturkundliche See-Erkundungsfahrt (Abfahrt in Insenborn) ist solarbetrieben. Man kann auch zu Fuß über das Wasser des Sees wandeln. Bei Lultzhausen kreuzt eine von Pontons getragene Brücke die aufgestauten Fluten der Sauer und bietet neben einem tollen Blick auch die witzige Möglichkeit, die Perspektive einmal umzudrehen: vom See hinauf zu den Hügeln und zur Aussichtsplattform Burfelt.

- Karte und Koordinaten zum Aussichtspunkt: www.visit-eislek.lu/de/portfolio-fiche/aussichtspunkte/burfelt-belvedere
- Strandbad Insenborn Plage 2, 49, Insenborn, 9660 Esch-Sauer
- ÖPNV: Bus 536 ab Ettelbrück

Leben aus dem Stahl

67 Belval: Industriebrache wird Lifestyleviertel

Wo früher das Herz der Stahlindustrie pochte, da pulsiert heute das Leben. Der Mensch hat sich Hochöfen, Lagerhallen und Förderbänder zurückerobert und das ausgediente Stahlwerk zu einem Schmelztiegel kreativer Menschen und deren Ideen gemacht. Schräg, schrill und manchmal auch „nur" schön – Belval ist angesagt im Großherzogtum. Denn neben strategischen Leuchtturmprojekten wie dem neuen Campus der Universität mit der eindrucksvollen Bibliothek prägen immer mehr private Initiativen das Bild von Belval, knapp 3 Kilometer vom Zentrum Esch-sur-Alzettes entfernt. Ob neues, großes Einkaufszentrum oder die Rockhal für 6500 musikbegeisterte Zuschauer, ob stylische Boutique oder Szenecafé – das Viertel lockt sie mit großem Ansehen und vielen Besuchern erfolgreich an. Die Ansiedlung der Universität mit ihren rund 7000 Studenten war sicherlich ein klug gewähltes Sprungbrett, um mittelfristig ein junges, kreatives Image aufzubauen. Hinzu kommt eine spektakuläre Architektur, die begeistert. Obwohl, es ist nicht „die eine" Architektur, denn Belval ist ein Füllhorn von Ideen. An jeder Ecke sieht man Menschen mit gezückten Handys oder Kameras. Ein hippes Selfie, ein Gruppenbild mit Förderband oder ein Schnappschuss an einem kleinen Teich mit einem Stück Stahlwerk in der Mitte – Motive fürs geistige oder fürs Kameraauge gibt es in Hülle und Fülle. Unübersehbar: der große Bürokomplex der Royal Bank of Canada, früher DEXIA. Sein sattes Rot strahlt weithin, doch beim ziellosen Bummeln durch die alten Wege im Stahlwerk findet man dieses Rot immer wieder. Die Farbe ist eine Hommage an die Ursprünge Belvals, als bis in die 1970er-Jahre durch den Abbau von Eisenerz noch rostrot schimmernde Wunden in die Landschaft gerissen wurden. Die Gegend an der französischen Grenze wurde zum Land der Roten Erde. Heute dient die Farbe als Brückenschlag zwischen den Zeiten.

TIPP

Die Aussichtsplattform des Hochofens in rund 40 Metern Höhe bietet einen phänomenalen Blick.

- Rockhal, 5, Avenue du Rock'n'Roll, 4083 Esch-sur-Alzette
- ÖPNV: Bus 3 ab Bahnhof Esch-sur-Alzette, Haltestelle Belval Université

Mit Wasser zum Wein

68

Vom Moseldampfer die Winzerorte entdecken

In diesem Fall passt Wasser perfekt zum Wein. Gemütlich über die Mosel schippernd die Winzerorte und Weinberge am Ufer zu betrachten, das ist ein ganz besonderes Vergnügen. Nicht nur wegen des Perspektivwechsels quasi von außen, sondern vor allem durch die Atmosphäre, die die Menschen seit Jahrhunderten fasziniert, wenn man an Bord eines Schiffs die Landschaft an sich vorbeiziehen lässt. Das sanfte Schaukeln des Ausflugsschiffs, die malerischen Ufergemeinden, die sacht aufsteigenden Weinberge – das Ganze lässt sich besonders gelassen mit einem Glas Wein bei einer Bootstour über die Mosel genießen. Entschleunigung pur.
Rund 35 Kilometer begrenzt die Mosel Luxemburg in Richtung Deutschland. Ihre Ufergemeinden bilden die Weinstraße, auf Lëtzebuergesch „Waistrooss". Nach Lust, Laune und Zeitplan kann man sich bei verschiedenen Anbietern eine Bootstour aussuchen. Ob einfaches Hin und Her, mit Zwischenstopp, als Einweg zum Zurückwandern, verbunden mit einem speziellen Thema, wie beispielsweise Schleusen, oder mit einem kulinarischen Angebot an Bord – durch die Vielfalt macht schon die Planung Spaß. Allen gemeinsam ist die fast magische Entspannung, die Wasser, sanfte Schiffsbewegung und gemütlich vorbeiziehende Landschaft bei den Menschen bewirken. Dabei ist der Blick abwechslungsreich und unterhaltsam: Weinberge mal sanft verhalten, mal brüsk ansteigend mit schroffen Felsen, die verschiedenen Winzerorte mal am Ufer liegend oder mal etwas zurückgezogen sich in die Weinberge einschmiegend; die Ufer mal mit einladenden Promenaden, mal naturbelassen. Mit jedem Kilometer auf der Mosel bekommt man einen besseren Blick auf den Luxemburger Wein.

- MS Princesse Marie-Astrid, 10, Route du Vin, 6794 Grevenmacher www.entente-moselle.lu
- Quai de la Moselle, 5553 Remich, www.navitours.lu
- ÖPNV: Bus 130, 131 ab Luxemburg-Stadt

Die Schloss-Schwestern

69 Beaufort: Die Schöne und die Verwunschene

Die eine rau, verwunschen und vom Zahn der Zeit gezeichnet, die andere sanft, lieblich und noch so wohnlich wie früher. Die beiden Schloss-Schwestern in Beaufort könnten kaum unterschiedlicher sein. Doch deshalb bieten sie für Besucher die einzigartige Chance, an einem Ort diejenige zu entdecken, deren Stil das Herz höherschlagen lässt. Hier treffen Mittelaltermacht und Renaissancecharme aufeinander, und das in einer Umgebung, bei deren Wahl die Bauherren ihren Sinn für Schönheit bewiesen haben. Beispiel alte Burg: Ein Blick vom idyllischen Schlossweiher auf den Turm und die teilweise eingestürzten Mauern unterstreicht dies eindrucksvoll. Ab dem 12. Jahrhundert, damals als Felsenburg rund 20 Meter erhöht stehend, wurde die Burg bis ins 17. Jahrhundert ständig talwärts erweitert, sodass nun Teile der Vorburg ans Wasser grenzen. Nach vielen Wirrungen und Nutzung als Wohnschloss verfiel sie ab dem 18. Jahrhundert, wurde von den Bewohnern des Umlands als Steinbruch genutzt. Nach umfangreichen Instandsetzungsarbeiten wurde die Ruine im Jahe 1932 der Öffentlichkeit zugänglich gemacht und steht nunmehr unter Denkmalschutz. Ganz anders ihre Schwester quasi um die Ecke. Das Renaissanceschloss hat die Zeit seit seinem Bau im 17. Jahrhundert fast unbeschadet überstanden – nicht nur äußerlich. Nach rund 360 Jahren befinden sich die zeitgenössisch möblierten Innenräume, die Schlossgärten, Stallungen und die Brennerei in einem Zustand wie zu der Zeit, als noch dessen letzte Besitzer das Schloss bewohnten. Dieser Erhaltungszustand erklärt freilich auch, warum das Schloss im Gegensatz zur Ruine mit ihren Exponaten nur im Rahmen einer Führung besichtigt werden kann. Jede der beiden Schwestern jedoch entführt die Besucher auf ihre eigene Art auf eine Zeitreise zum Genießen.

TIPP

Die Liköre aus der Schlossbrennerei sollte man unbedingt probieren, zum Beispiel den Cassero.

● Beaufort Castles, 24, Rue du Château, 6313 Beaufort
www.beaufortcastles.com
● ÖPNV: Bus 536 ab Ettelbrück

Stille Weite des Blicks

70 Die Abtei Neumünster am Alzette-Ufer

Der Abtei Neumünster nähert man sich am besten von oben. Was in Luxemburg nicht schwer ist, denn von den Mauern der Oberstadt kann man runter ins Alzette-Tal blicken – und entdecken, wie die Abbaye (Abtei) stolz aus der grünen Oase am Lauf des Flüsschens herausragt, um dann mit dem Panorama-Aufzug hinunterzuschweben. Nach einem Spaziergang durch Grund entlang des Ufers kann man dann die Perspektive umdrehen und aus dem Innenhof die unverbaute Sicht hinauf zu Felsen und Oberstadt genießen. Die gepflegten, aber eher schmucklosen Mauern haben eine bewegte, fast 1000-jährige Geschichte hinter sich. Sie waren Kirche, Benediktinerkloster, Gefängnis, Waisenhaus, Internierungslager und wieder Gefängnis. Nach 1985 endete die jahrhundertelange „Verschlossenheit". Die Abtei ließ den frischen Wind der Kultur hinein und gehört heute zu den wichtigsten Veranstaltungsorten der Stadt. Rund 1000 Ausstellungen, Events und Konzerte finden jährlich im ehemaligen Kloster und davor statt. Der rund 3700 Quadratmeter große Innenhof zählt zu den größten Plätzen der Stadt. Diese Weite schafft den Raum für einen unvergleichlichen Blick auf Fels und Fluss. Ausgefallene bunte Sitzmöglichkeiten finden sich reichlich im Innenhof. Man blickt auf die kleinen Gärten, den schmalen Fußweg am gegenüberliegenden Ufer, direkt dahinter den abrupt und majestätisch emporsteigenden Bockfelsen mit seinen Befestigungen. Quasi als Verbindung führt ein Stück Verteidigungsmauer mit romantischer Steinbrücke und Turmruine vom Fels zur Abtei. Über den ehemaligen Wehrgang kann man die Alzette kreuzen, einen kleinen Wasserfall bestaunen und sich auf einen entspannenden Uferspaziergang begeben. Es ist immer wieder faszinierend, welch sanfte kleine Welt im Schatten der mächtigen Festung entstanden ist und wie harmonisch solche Kontraste in Luxemburg sind.

- Centre Culturel de Rencontre Abbaye de Neumünster, 28, Rue Münster, 2160 Luxemburg, www.neimenster.lu
- ÖPNV: Bus 14, Haltestelle Clausen, Rumm, oder mit dem Panorama-Aufzug

Ganz große Kunst

71 Serra-Werk als Wegweiser auf dem Kirchberg

Es ist wahrlich große Kunst in gleich mehrfachem Sinne: Über 20 Meter hoch und über 35 Tonnen schwer ist jede einzelne der sieben Stahlplatten. Aber sie wurden von einem der ganz großen Bildhauer unserer Zeit zusammengefügt und an einem großartig passenden Ort aufgestellt. „Exchange", so der Name für das Ensemble aus den haushohen, kartenspielartig zusammengefügten Stahlplatten, steht mitten in einem Kreisverkehr auf der Avenue John F. Kennedy, einer Schlagader für den Berufsverkehr in Richtung Stadt – quasi als Begrüßung für Besucher. Bewusst. Denn Richard Serras Vision ist es, Kunst als Wegweiser, als Visitenkarte, als Einstimmung für einen städtischen Raum zu inszenieren. „Mein Anliegen ist immer, wie man einen neuen Raum angehen soll", sagt er. An einem städtischen Standort berücksichtige er den Verkehr, die Straßen und die Architektur. Und so reflektiert „Exchange" Aspekte der Umgebung, wie beispielsweise die Massivität und Höhe der Bürokomplexe ringsum, in wetterfestem Cortenstahl. Die Platten indes waren 1996 ein Problem. Eigentlich hätte der Luxemburger Stahlkonzern ARBED sie liefern sollen, aber schlussendlich konnte ihr Megaformat nur im benachbarten Saarland angefertigt werden. Zwar ist Serras Gesamtwerk von großen, unübersehbaren Stahlskulpturen geprägt, aber „Exchange" gilt als sein höhenmäßig größtes. Das Megaformat lenkt aber auch – im Sinne Serras – den Blick auf die Bedeutung der Verkehrsader. Ein geflügeltes Wort in Luxemburg ist die flapsige Gegenfrage „tags oder nachts?", wenn man sich nach der Einwohnerzahl der Hauptstadt erkundigt. Denn zu den rund 120.000 städtischen „24-Stunden-Luxemburgern" kommen wochentags noch rund 100.000 Berufspendler, viele von ihnen aus Richtung Osten von der Autobahn über die Avenue John F. Kennedy in die Stadt hinein. Für sie ist Serras Stahlskulptur nicht nur große Kunst, sondern auch ein unübersehbares Ortsschild.

TIPP

Zum Fotografieren sollte man wegen des starken Verkehrs auf das Wochenende oder den Abend ausweichen.

- „Exchange", Avenue John F. Kennedy / RN 51, 1947 Luxemburg
- ÖPNV: Tram, Haltestelle Luxexpo

Das Auge hört mit

72

Die Strahlkraft der Philharmonie

Sie ist ein Gesamtkunstwerk, die Luxemburger Philharmonie. Auf dem unteren Kirchberg ist sie trotz der eindrucksvollen Konkurrenz durch die Glaspaläste von EU und Wirtschaft der markante Ort. Nicht nur durch ihre eigene Gestaltung, nicht nur durch ihre Einbindung in den Europaplatz, sondern auch weil sie im übertragenen, musikalischen Sinne einen Kontrapunkt setzt. Denn im Vergleich zu den hohen, eckig-kantigen Businessbauten im Hintergrund wirkt die tropfenförmige Philharmonie leicht und geschmeidig – und trotzdem perfekt passend zum Umfeld. Denn sie ist schlicht beeindruckend: 823 weiße Säulen, jede 20 Meter hoch und 30 Zentimeter dick, bilden die optische Außenhaut des 2005 fertiggestellten Gebäudes. Der französische Stararchitekt Christian de Portzamparc hat mit der Philharmonie das Herzstück der Place de l'Europe geschaffen, die mit ihrer Dreiecksform mitten im Europaviertel liegt. Umrundet man die Philharmonie, stößt man auf locker gepflanzte Bäume, die die Staaten der Europäischen Union repräsentieren und symbolhaft für das gemeinsame Wachstum stehen sollen.

Natürlich lebt ein Konzerthaus von seinen inneren Werten. Neben dem großen Saal mit rund 1500 Plätzen gibt es noch zwei für kleinere Aufführungen. Ein Highlight im für seine Akustik gelobten Hauptsaal: die große Orgel mit 83 Registern und 6441 Pfeifen. Wie es sich für eine europäische Metropole gehört, ist das Programm international, breit gefächert und durchaus hochkarätig – von Klassik über Jazz und Rock bis zu Weltmusik und Konzerten für Kinder. Spannend ist auch, bei einer deutschsprachigen Führung hinter die Kulissen der großen Konzerthalle zu blicken. Bleibt die Frage: Wann ist die Philharmonie am schönsten? Tagsüber, wenn die strahlend weißen Säulen das Sonnenlicht faszinierend brechen und wiedergeben? Oder bei Dunkelheit, wenn die Säulen der Philharmonie durch beeindruckende Lichteffekte weithin über Luxemburg erstrahlen? Wie auch immer, ein Genuss ist die Philharmonie jederzeit.

TIPP

Der Eventkalender kündigt öffentliche Proben an, bei denen man in die Orchesterarbeit hineinschnuppern kann.

● Philharmonie, 1, Place de l'Europe, 1499 Luxemburg, www.philharmonie.lu/de

Der Monarch von gegenüber

73

Großherzoglicher Palast in der Stadt

Sie seien Monarchen zum Anfassen, beschreiben die Luxemburger gern und stolz die Familie des Großherzogs. Auch wenn dies nur im übertragenen Sinn gemeint ist, ist der Stadtpalast am Krautmarkt doch so dicht an den Bürgern dran, dass man ihn in der Tat anfassen kann. Eindrucksvoll, reich verziert, aber nicht pompös, zählt der Palast zu den wirklich alten Gebäuden der Stadt. Er wurde an der Stelle des ersten Rathauses gebaut, das durch eine Pulverexplosion 1554 zerstört worden war. Im 18. Jahrhundert kam die Stadtwaage hinzu. Nachdem 1859 die Abgeordnetenkammer einen Anbau erhielt, wurde 31 Jahre später das Hauptgebäude zum Großherzoglichen Palast. Mitten in der engen Altstadt gelegen, haben die nötigen Erweiterungen für einige spezielle Lösungen gesorgt. So überqueren die Kammermitglieder heute durch einen transparenten Überweg die Straße zwischen Sitzungssaal und angebauten Büros und werden dabei quasi zu „gläsernen Abgeordneten". Das mit zahlreichen Türmchen versehene Dach und die mit Ornamenten verzierte Fassade sind im Renaissancestil gehalten. Manche floralen Motive greifen die Lage des Palasts am Krautmarkt auf und stellen heimische Kräuter dar. Die Unterstände der beiden diensttuenden Wachsoldaten – in schlichtem Nato-Oliv – stehen übrigens nicht vor dem Palasteingang, sondern vor dem Tor der ehemaligen Stadtwaage. Die kann man perfekt vom gegenüberliegenden Bistrot de la Presse beobachten. Unaufgeregt gemütlich geht es hier zu und vieles aus der Luxemburger Küche findet sich auf der Speisekarte. „Wachablösung bei deftigen Mehlknödeln oder Bratwürsten" – so könnte man eine Spezialität des Hauses beschreiben.

TIPP
In den Sommermonaten kann man den Palast auch von innen besichtigen.

● Großherzoglicher Palast, 17, Rue du Marché-aux-Herbes, 2418 Luxemburg
www.luxembourg-city.com
● ÖPNV: Bus 19, 31, Haltestelle Centre, Gruef

Der Charme des Alters

74 Echternach: Ein Städtchen voller Geschichte

Man spürt, warum sich hier schon seit Jahrhunderten die Menschen treffen. Der Marktplatz ist seit dem 12. Jahrhundert der malerische Mittelpunkt von Echternach. Eingefasst von repräsentativen Bürger- und Adelshäusern mit liebevoll restaurierten Fassaden ist der Kopfsteinpflasterplatz ein Zentrum beschaulicher Beständigkeit. Wer auf der Terrasse einer der kleinen Gaststätten wie dem traditionellen Aale Echternoach Platz nimmt, erliegt schnell dem Charme von Luxemburgs ältester Stadt. Beschaulich – und dies im doppelten Wortsinn. Unaufgeregt und ruhig, wie es sich für eine Ansiedlung mit Wurzeln im 7. Jahrhundert gehört. Aber vor allem gibt es hier viel zu be-schauen. Beispielsweise das Gerichtsgebäude, das „Denzelt" genannt wird. Im 15. Jahrhundert wurde der Bau errichtet, dessen Front von sechs großen Statuen und zwei markanten Dachtürmen bestimmt wird. Früher auch Gefängnis mit Folterkammer sowie Ort für Bürgerversammlungen dient es heute als Rathaus. An die Zeiten der öffentlich sichtbaren Rechtssprechung erinnert auch das „Urtsel", das sehenswerte mittelalterliche Justizkreuz mitten auf dem Platz. Beim Rundgang durch das 5600 Einwohner zählende Kulturstädtchen ist die lange Geschichte Echternachs ein ständiger Begleiter. Ideal dazu eignet sich der 2 Kilometer lange Rundweg „Via Epternacensis", zu dem es im Tourismusbüro einen Flyer gibt. Er führt zu einer römischen Villa aus dem 1. Jahrhundert, deren Überreste viele erstaunliche Einblicke in das durchaus komfortable Leben wohlhabender Landbesitzer gibt. Unterwegs staunt man bei der wunderschönen Orangerie, welch üppige Ornamentierungen im Barock Mode waren, oder man fragt sich, wie es sich in den Ferienwohnungen lebt, die in einem der verbliebenen Türme der Stadtmauer eingerichtet wurden. Spannend ist auch die fast 1000 Jahre alte Pfarrkirche St. Peter und Paul. Als Wehrkirche mit Befestigungen und eigenem Brunnen zeigt sie Besuchern, dass sie den Bewohnern in Echternachs unruhigen Zeit nicht nur geistlichen Beistand bot.

TIPP

Hoch über Echternach gibt es vom Aussichtspunkt Trooskneppchen einen tollen Blick über Stadt und Tal.

- Tourismusbüro, 9–10, Parvis de la Basilique, 6486 Echternach www.visitechternach.lu
- Pavillon Trooskneppchen, Am Parkplatz Montée Trooskneppchen
- ÖPNV: Bus 500 ab Ettelbrück

Nationen bunt

75 Die Escher Einkaufsstraße ist ein Bummelparadies

Wer in Esch „über die Alzette“ bummelt, der tut dies im doppelten Sinn: zum einen über Luxemburgs längste Einkaufsstraße, zum anderen über das namensgebende Flüsschen, das durch einen Kanal unter dem Pflaster geführt wird. Aber auch ohne Oberflächenwasser ist auf der Rue de l'Alzette vieles im Fluss. Rund 400 Geschäfte bieten fast 500.000 Quadratmeter Einkaufsfläche. Nicht so durchdesigned wie in Luxemburg-Stadt, sondern bunter, lebhafter, quirliger. Einen Steinwurf von Frankreich entfernt sind die Einflüsse der Nachbarschaft im Shoppingangebot unübersehbar. Hinzu kommt, dass seit dem Beginn der Eisenindustrie vor rund 150 Jahren Generationen von Einwanderern ins Minett und nach Esch strömten, sodass heute mehr als die Hälfte der Einwohner ausländische Wurzeln hat. Erst kamen meist Italiener, später viele Portugiesen. Die Nachkommen der ehemaligen Bergarbeiter sowie Bürger und Studenten aus mittlerweile weit über 50 Nationen machen das 30.000-Einwohner-Städtchen Esch-sur-Alzette heute zu einem bemerkenswert spannenden Multikulti-Cocktail. Dies war sicherlich einer der Gründe, warum Esch zur Kulturhauptstadt Europas 2022 ernannt wurde.

Diese kreative Vielfalt erlebt man auch beim Bummel durch die Einkaufszone, die zudem ein kleines Wunderland für Feinschmecker ist. Frei nach dem Motto „Remix Cultures“, der Kulturhauptstadt-Kampagne, geht es bunt rund. Neben dem alteingesessenen Bäcker stehen kleine Tische vor einem libanesischen Restaurant. Einige Meter weiter gibt es authentische italienische Pasta oder duftende Sardinen und „Petiscos“ (portugiesische Tapas). Dazwischen sortiert sich ein bunter Mix an Geschäftsideen zwischen die üblichen Läden einer Fußgängerzone ein. Auch hier lohnt sich trotz bekannter Namen der zweite Blick, denn die Sortimente sind im Vergleich zu Deutschland teils sehr unterschiedlich. Entlang der von Peter Rice gestalteten schrägen Stahlmasten mit ihren Segeln sollte man sich einfach treiben lassen – dann sind Glücksgefühle fast garantiert.

TIPP

Der beste Start für einen Rundgang ist die Place de l'Hôtel de Ville.

● Rue de l'Alzette, 4011 Esch-sur-Alzette

TANDEM

Was für eine Mischung

76 Genießen und staunen im Kaale Kaffi

Das Kaale Kaffi ist eine Art Institution in Luxemburgs Ausgehszene. Und mit dem Begriff Institution erspart man es sich, an dem verzweifelten Versuch einer Kurzbeschreibung zu scheitern. Café, Bistro, Kneipe, Kunstinstallation, Antiquitätenhandel …? Das „Kalter Kaffee" ist eine völlig bunte Mischung aus all dem – und noch viel mehr. Es ist ein Gesamtkunstwerk, denn irgendwie passt alles, was eigentlich nicht zusammenzupassen scheint. Am Ende wurde hier ein Ort geschaffen, an dem Menschen sich einfach gern aufhalten. Sie versinken in Sesseln und Sofas, die vom Trödel oder Antikhandel stammen könnten. Jedes Möbel ist ein Unikat. Hier sind die verwegene Mischung und der Kontrast die Garanten für Harmonie. Man ist überrascht, wie viele unerwartete Farbtöne es bei Möbeln gibt, und bunt ist auch die Mischung von Bildern, Büchern und Bhuddas. Stilsicher bedeutet hier nur, dass auf strenge stilistische Gemeinsamkeiten verzichtet wird. Solcherart ungezwungen ist das Kaale Kaffi eine Oase. Man sitzt quasi wie im Wohnzimmer, bestaunt die Einrichtung rechts und links, schwatzt oder sinniert bei Kaffee oder Mokka, einem Wein oder Bierchen, etwas Gebäck oder einem „Kippchen". Letzteres ist keineswegs eine Zigarette, es ist die lässige Bezeichnung für ein Glas Luxemburger Crémant. Und was passt besser ins Kaale Kaffi als Lässigkeit? Übrigens: Wer sich beim Umgucken in ein Stück der Einrichtung verliebt – manche Möbel, Accessoires und Bilder sind durchaus verkäuflich. Der Betreiber hat einen ansehnlichen Bestand angesammelt. Unweit vom Großherzoglichen Palais am Krautmarkt gelegen, ist das Gesamtkunstwerk ein großartiger Ort, um nach dem Bummel durch die belebte Altstadt etwas Atem zu holen. Obwohl manche „schrägen" Einrichtungsstücke im Kaale Kaffi einem schon den Atem verschlagen können.

TIPP

Das Kuchenangebot ist jede Sünde wert …

- Kaale Kaffi, 9, Rue de la Boucherie, 1247 Luxemburg
- ÖPNV: Tram T1, Haltestelle Hamilius

illy

Rundfahrt im „Zichelchen“

77

Pétrusse-Express zeigt Luxemburgs Highlights

Das Gefährt erinnert auf den ersten Blick an eine Spielzeugbahn: drei Waggons in hellem Grün hinter einer stilisierten Lokomotive. Man würde das von den Einheimischen „Zichelchen“ genannte Gefährt eher in einem Freizeitpark denn auf den Straßen Luxemburgs erwarten. Und doch zeigt der Pétrusse-Express seit über 30 Jahren den Touristen in den Sommermonaten halbstündlich zwischen 10 und 18 Uhr die wichtigsten und schönsten Plätze der Stadt und ist damit seinerseits eine Art Wahrzeichen geworden. Rund 45 Minuten dauert die Stadtrundfahrt im gemütlichen Radfahrertempo. Audioguides kommentieren in verschiedenen Sprachen, was die neugierigen Augen gerade sehen. Denn obwohl Luxemburg räumlich eher klein ist, machen es die festungstypischen Verwinkelungen, deren ständige Erweiterungen und das Auf und Ab zwischen Ober- und Unterstadt nicht leicht, den Überblick zu behalten. Aus den Waggons des fröhlich vor sich hin tuckernden „Zichelchen“ heraus ist dies viel einfacher. Und durch die Glasdächer ist auch der für Luxemburg so wichtige Blick in die Vertikale frei, sind doch gerade die schroffen Felsen und steilen Festungsmauern ein prägendes Element des Stadtbilds. Die Fahrt beginnt und endet an einem Highlight: dem im typisch Luxemburger Humor „Huelen Zant“ (Hohler Zahn) genannten eingefallenen Festungsturm. Über den Bockfelsen geht die Tour hinab ins Tal nach Clausen, um dann wieder hinauf aufs Plateau du Rham zu fahren. Von dort blickt man quasi auf Augenhöhe hinüber zur Oberstadt, auf die Häuser am Rand der ehemaligen Festungsmauer sowie die Corniche. Dann führt der Weg erneut abwärts ins Alzette-Tal über die Rue de Trêves nach Grund, vorbei an der Abtei Neumünster bis ins malerische Tal der Pétrusse und wieder zurück durch ein ehemaliges Stadttor in die Altstadt zum Huelen Zant. Zum Abschluss bietet sich hier noch mal ein faszinierender Ausblick von oben auf all die Punkte, an denen man gerade vorbeigefahren ist.

- Pétrusse-Express, 10, Montée de Clausen, 1343 Luxemburg, sightseeing.lu

CityTrain

Das Leben der Langsamkeit

78 Burg Fels: Ein mediterranes Kleinod

Hier lebt die Langsamkeit: eine Burg hoch auf einem Felsen, ein imposantes Wehrhaus, darunter ein romantischer kleiner Weiler und das Ganze von üppiger Natur so eng umgeben wie ein Edelstein von seiner Fassung. Burg Fels oder auf Französisch „Larochette" verströmt trotz seiner Bilderbuchzutaten eine ganz eigene Atmosphäre, denn Besucher erleben hier eine herrliche Unaufgeregtheit. Schon beim Bummel durchs Dörfchen fühlt man sich nicht wirklich in der Luxemburger Schweiz. In den engen Kopfsteinpflastergassen sitzen Menschen auf kleinen Steinterrassen vor ihren Häusern, man trifft sich, plauscht oder genießt die Sonne. Wem da „mediterran" als Bezeichnung einfällt, der liegt intuitiv richtig: Denn fast jeder Zweite der rund 2200 Einwohner stammt ursprünglich aus Portugal. Auch der Dorfplatz, „de Bleech" (Bleiche), mit dem mittelalterlichen Richtkreuz und seinen von Bäumen beschatteten Cafés und Kneipen lebt diese gesellige Gelassenheit. Die von einem Felsvorsprung emporragende Burganlage aus dem 12. Jahrhundert fügt sich in das Gesamtbild ein – eindrucksvoll, aber nicht in den Schatten stellend. Ihre ehemalige Macht sieht man Burg Fels immer noch an und im Laufe der Jahrhunderte hatte sie über ein Dutzend Namen in unterschiedlichen Sprachen. Wer genau hinsieht, findet im Ort noch Spuren der damaligen Rundmauer, manche ihrer Türme sind heute Eyecatcher in Privatgärten. Eigentlich endet die Geschichte der Burg Fels im 16. Jahrhundert mit einem Großbrand. Aber das sogenannte Homburger Haus wurde 1979 durch den Staat liebevoll restauriert – und ist nun zu besichtigen. Seitdem nimmt die Mischung aus intaktem Wehrhaus und romantisch verfallenen Mauern inmitten tiefgrüner, fast unberührter Natur entlang der Weißen Ernz die Besucher mit auf eine Reise zurück in die Zeiten, als dieses Bollwerk noch der einzige Schutz seiner Bewohner war.

TIPP

Burg Fels ist ideal zum Atemholen während einer Tour durch die spektakuläre Natur des Müllerthals.

● Burg Fels, Montée du Château, 7622 Larochette
www.visitlarochette.lu/de/larochette
● ÖPNV: Bus 105 ab Ettelbrück

Grips und Flips

79 Spektakuläres im Skatepark an der Petruss

Dieser Platz ist „Augenfutter" pur. Der Skatepark an der Petruss hat alle Zutaten, um die Speicherkarten in Kopf und Kamera auszulasten. Schon die Kulisse ist grandios. Fast unmittelbar daneben steigen die schroffen Felsen und Mauern der Festung in die Höhe. Als Akzent sieht man die aus dem Stein scheinbar herauswachsende St.-Quirinus-Kapelle und einen Steinwurf entfernt überragt das Viadukt das kleine Tal. Davor tricksen Skateboarder, Blader oder BMX-Radler mit den Gesetzen der Physik. Der 3400 Quadratmeter große Park, der in der Hauptsaison täglich von 9 bis 22 Uhr (Wochenende bis 23 Uhr, im Winter täglich 9 bis 20 Uhr) öffnet, ist ein Dorado für die Fans der großen Sprünge und kleinen Kniffe. Eine 600 Quadratmeter große Bowl ist ein Highlight, die senkrecht stehende Half-Bowl ist der Eyecatcher des Parks. Dazu kommen viele andere Gräben, Schanzen, Bögen und Kanten für die ausgefallensten Kunststücke. Bei den Flugeinlagen und Jumps geht es teilweise meterhoch hinaus – diese fliegenden Menschen vor der eindrucksvollen Kulisse sind einfach faszinierende Impressionen. Mit einer Engelsgeduld und einer gehörigen Portion Coolness trainieren die keineswegs nur jugendlichen Sportler ihre Flips, Grinds, Grips und Airs. Dass Bruchlandungen mit einer ähnlichen Lässigkeit weggesteckt werden wie anerkennende Gesten bei erfolgreichen Tricks unterstreicht nur die unaufgeregte Atmosphäre dieses Ortes. Hier hat man Spaß und genießt – sogar in den Abendstunden unter Flutlicht. 2016 wurde die Betonoberfläche beim Bau farblich auf das umliegende Gestein des Festungsfelsens abgestimmt. Diese Melange aus Grau und Beige ist im Wandel des Tageslichts zusammen mit den Reflektionen und Schattenspielen vom Festungsfelsen allein schon ein Anblick zum Genießen.

- Skatepark Péitruss, 2, Rue Saint-Quirin, 2327 Luxemburg
- ÖPNV: Bus 23, Haltestelle Stadgronn Bréck

LUX
LRDG

Esprit der Stadt

80 Heilig-Geist-Zitadelle als Aussichtspunkt

Bollwerke sollen ja eigentlich nicht einladend sein, und erst recht keine bequemen Abkürzungen hinter die Mauern haben. Dass die Zitadelle Heilig-Geist (Citadelle du Saint-Esprit) beides bietet, dürfte den damaligen Festungsbaumeister Vauban irritieren, Besucher aber können sich freuen. Der Blick vom Plateau ins Tal hinunter auf Grund ist grandios und man kann ihn wunderbar beim Bummeln über die ehemaligen Mauern genießen. Alternativ erfreut man sich auf einer Bank im Schatten der Bäume am Panorama oder beugt sich über die Balustrade und wagt den Blick in die Tiefe. Ursprünglich stand auf dem Plateau im 13. Jahrhundert das Kloster Saint-Esprit. Das wurde dann durch die dritte Ringmauer in die Festung aufgenommen, bis Vauban 1687 die mächtige Zitadelle Saint-Esprit fertigstellte. Heute ist das Plateau Sitz verschiedener Luxemburger Justizbehörden, deren repräsentative Bauten den Blick auch „nach innen" lenken. Zur interessanten Rue de Saint-Esprit beispielsweise, die gern mal mit Lampions geschmückt wird und in der es interessante Restaurants wie das vegetarische Mesa Verde mit seiner hübschen Terrasse oder Clubs wie „de Gudde Wëllen" zu entdecken gibt. Apropos entdecken: So ganz leicht findet man die eingangs zitierte Abkürzung hinter die Mauern nicht, aber seit 1987 wird der Lift zwischen dem Plateau und Grund so selbstverständlich genutzt, dass man nur den Menschen folgen muss, die Richtung Festungsmauer gehen, um hinter dem „Tribunal de la jeunesse et des tutelles" das kleine Gebäude mit den beiden Säulen zu entdecken. Das Schild „Saint-Esprit – Grund" bestätigt dann den Fund. Auch wenn 45 Meter Höhenunterschied in 25 Sekunden per Aufzug als solches nun keine ausgefallene Unterhaltung ist, das Ankommen „im Gronn" schon. Denn der Weg lohnt sich auch für einen kurzen Blick. Schier endlos erscheinen die mächtigen Türme und Wälle der Bastion – man ahnt, wie hilflos und winzig sich Angreifer angesichts solcher Ungetüme aus Fels und Stein gefühlt haben müssen.

- Heilig-Geist-Zitadelle, Plateau du Saint-Esprit, 1475 Luxemburg
- ÖPNV: Bus 2, 3, 4, 5, Haltestelle Centre, F. D. Roosevelt

Bibliografische Informationen der Deutschen Nationalbibliothek
Die Deutsche Nationalbibliothek verzeichnet diese Publikation in der Deutschen Nationalbibliografie; detaillierte bibliografische Daten sind im Internet über http://dnb.d-nb.de abrufbar.

Konzeption/Satz: Droste Verlag, Düsseldorf
Einbandgestaltung und Illustrationen: Britta Rungwerth, Düsseldorf, unter Verwendung von Bildern von © Fotolia.com: jd - photodesign.de; © iStock: Plociennik Robert
Fotos: Abaca Press_Philippe Louzon: S. 103; C. Rinnen: S. 127; Christian Alexander Tietgen, CC BY 4.0 (https://commons.wikimedia.org/w/index.php?curid=91975365): S. 49; Esch-an-der-Alzette/Emile Hengen: S. 75, 157; Gerichtshof der Europäischen Union: S. 63; Kevin Fernandes: S. 51; Lauralberti_ComitéInspiringLuxembourg: S. 71; LFT_AlfonsoSalgueiro: S. 29, 67, 73, 89, 91, 129; LFT_ASchösser: S. 9, 11, 107; LFT_ChristianMillen: S. 13; LFT_CPCreatives: S. 81; LFT_GauvinLapetoule: S. 19, 27, 31, 135; LFT_GregorLengler: S. 57, 97; LFT_JosNerancic: S. 145, 147; LFT_OliverRaatz: S. 111; LFT_PaulHilbert: S. 143, 155, 167; LFT_RenataLusso: S. 83, 137, 141; LFT_RomainGirtgen_CNA: S. 25; LFT_RomanSchonfeld: S. 69; LFT_SalesLentz: S. 161; LFT_ThomasLinkel: S. 95, 151; LFT_UliFielitz: S. 33, 55, 65, 117; Marc Lazzarini: S. 109; Minett_ PulsaPictures: S. 119; NatasaPavlovic_ ComitéInspiringLuxembourg: S. 39; Nicole Werkmeister: S. 87; Parcours / Luxembourg City Tourist Office: S. 45, 121; Simone Klein: S. 15, 21, 23, 35, 41, 43, 47, 53, 61, 77, 85, 101, 113, 115, 125, 133, 149, 159; SIP_JohnZeimet: S. 93, 131; SIP_UliFielitz: S. 59, 153; stock.adobe.com/ANITA.photography: S. 105; stock.adobe.com/huntz: S. 37; stock.adobe.com/Raymond Thill: S. 99; stock.adobe.com/Scirocco340: S. 79; stock.adobe.com/Tom S: S. 17; ThibaudBastien_ComitéInspiringLuxembourg: S. 163; Thomas Linkel: S. 165; Visit Éislek: S. 123, 139
Textlektorat: Christiane Wirtz, Eutin

MIX
Papier aus verantwortungsvollen Quellen
FSC® C011279
www.fsc.org

Druck und Bindung: LUC GmbH, Greven
ISBN 978-3-7700-2357-8

www.droste-verlag.de